授業の腕が上がる新法則シリーズ

「プログラミング」

授業の腕が上がる新法則

監修 **谷 和樹**

編集 **許 鍾萬**

JN060698

学芸みらい社
GAKUGEI MIRAISHA

刊行のことば

谷　和樹（玉川大学教職大学院教授）

1　「本人の選択」を必要とする時代へ

今、不登校の子どもたちは、どれくらいいるのでしょうか。

約16万人※1

この数は、令和元年度まで6年間連続で増え続けています。小学校では、144人に1人、中学校では、27人に1人が不登校です。

学校に行けない原因が子どもたちにあるとばかりは言えません。もちろん、社会環境も変化していますから、学校にだけ責任があるとも言えません。しかし、学校の授業やシステムにも何らかの問題があると思えます。

以前、アメリカでPBIS（ポジティブな行動介入と支援）というシステムを取り入れている学校を視察しました。印象的だったのは「本人の選択」という考え方が浸透していたことです。その時の子ども本人の心や体の状態によって、できることは違います。それを確認し、あくまでも本人にその時の行動を選ばせるという方法です。

これと教科の指導とを同じに考えることはできないかも知れません。しかし、「本人の選択」を可能にする学習サービスが世界的に広がり、増え続けていることもまた事実です。例えば「TOSSランド」は子ども用サイトではありませんが、お家の方や子どもたちがご覧になって勉強に役立てることのできるページもたくさんあります。他にも、次のようなものがあります。

①オンラインおうち学校※2
② Khan Academy※3
③ TOSSランド※4

さて、本書ではこうしたニーズにできるだけ答えたいと思いました。

> 激動する社会の変化に対応する教育へのパラダイムシフト〜子どもたち
> 「本人の選択」を保障する考え方、そして幅広い「デジタル読解力」を必
> 須とする考え方を公教育の中で真剣に考える時代が到来しつつあります。

　そこで、教師の「発問・指示」をきちんと示したことはもちろんですが、
「他にもこんな選択肢がありますよ」といった内容にもできるだけ触れるよう
にしています。

2　「デジタルなメディア」を読む力

　PISA2018の結果は、ある意味衝撃的でした。日本の子どもたちの学力はそ
れほど悪くありません。ところが、「読解力」が前回の2015年の調査に続いて
今回はさらに落ちていたのです。本当でしょうか。日本の子どもたちの読解力
は世界的にそれほど低いのでしょうか。実は、他のところに原因があったとい
う意見もあります。

> パソコンやタブレット・スマホなどを学習の道具として使っていない。

　これが原因かも知れないというのです。PISA が CBT といってコンピュータ
を使うタイプのテストだったからです。

　実は、日本の子どもたちはゲームやチャットに費やす時間は世界一です。と
ころが、その同じ機械を学習のために有効に使っている時間は、OECD 諸国で
最下位です。もちろん、紙のテキストと鉛筆を使った学習も大切なことは言う
までもありません。しかし、写真、動画、Web ページなど、全教科のあらゆる
知識をデジタルメディアで読む機会の方が多くなっているのが今の社会です。

　そうした、いわば「デジタル読解力」について、今の学校のカリキュラムは
十分に対応しているとは言えません。

　本書の読者のみなさんの中から、そうした問題意識をもち、一緒に研究を進
めてくださる方がたくさん出てくださることを心から願っています。

※1　文部科学省初等中等教育局児童生徒課『平成30年度児童生徒の問題行動・不登校等生徒指導上の諸課題に関
　　する調査結果について』　令和元年10月　https://www.mext.go.jp/content/1410392.pdf
※2　オンラインおうち学校（https://www.alba-edu.org/20200220onlineschool/）
※3　Khan Academy (https://ja.khanacademy.org/)
※4　TOSSランド (https://land.toss-online.com/)

まえがき

　書店に行くと「プログラミング」と名のついた本が目立ちはじめました。

　2年くらい前までは「専門書」か「パソコン」のコーナーに数冊置いてある程度でした。今では「児童書」や「教育書」のコーナーにプログラミング関係の本が平積みされています。

　学校現場でも研修や環境整備が進んでいます。

　プログラミング教育は「必修」です。

　新学習指導要領（2020年4月から全面実施）「総則」に明記されています。

　あわせて，各教科等の特質に応じて，次の学習活動を計画的に実施すること。

　　ア　児童がコンピュータで文字を入力するなどの学習の基盤として必要となる情報手段の基本的な操作を習得するための学習活動

　　イ　児童がプログラミングを体験しながら，コンピュータに意図した処理を行わせるために必要な論理的思考力を身に付けるための学習活動

（※　第3 教育課程の実施と学習評価　1 主体的・対話的で深い学びの実現に向けた授業改善−(3)）

一文ずつ詳しく見てみましょう。

　各教科等の特質に応じて，次の学習活動を計画的に実施すること。

　プログラミング教育は特定の教科だけで行うのではなく、教科と領域のすべてにおいて行うということです。さらに、教科の特質を生かしたプログラミングの学習活動を「**計画的に実施すること**」となっています。各学校において、プログラミング教育の指導計画やカリキュラムを作っておく必要があります。

　　ア　児童がコンピュータで文字を入力するなどの学習の基盤として必要となる情報手段の基本的な操作を習得するための学習活動

キーボード入力などのタイピング学習も必須です。各自治体では、1人1台のパソコンやタブレットの整備を一気にすすめています。子ども達にキーボード入力をはじめとする「基本的な操作を習得」させることはとても重要です。

　各学校の指導計画に位置付けておく必要があります。

> **イ　児童がプログラミングを体験しながら，コンピュータに意図した処理を行わせるために必要な論理的思考力を身に付けるための学習活動**

「プログラミングを体験しながら」「コンピュータ」と明記されています。算数や理科などの教科でプログラミング的な考え方を教える方法があります。「アンプラグド・プログラミング」というコンピュータを使わないプログラミングの授業です。導入段階の指導では効果的な方法であり、本書「第Ⅱ部」では各教科等の実践例を紹介しています。

　そして、コンピュータを使う方法に「ビジュアル・プログラミング」があります。

　Scratchに代表されるような、直感的にプログラミングできるコンテンツがたくさん公開されていて、自分で命令を自由に組み替えながら「順次処理」「分岐処理」「反復処理」を楽しく学べます。命令をあれこれ組み替える活動は「論理的思考力を身につける」ことにつながります。

　また、作った命令で実際に身近なモノを動かしてみる「フィジカル・プログラミング」という方法があります。「意図した処理を行わせるため」にはどうすればいいのかを考える学習活動です。自動販売機やお掃除ロボットなど便利なものは全てプログラムで動いているのだという「見方・考え方」へとつながります。アンプラグドだけでは「プログラミングを体験した」ことにはならないということを私たち教師は知っておく必要があります。

　できるだけ早い時期にコンピュータを活用した実践が広く行われることを期待しております。

許　鍾萬

目次

第2部　アンプラグド型＝コンピュータを使わないプログラミング学習

第Ⅴ章　マル特情報 「アンプラグド型」 プログラミング授業づくり

第Ⅵ章　1・2年 「アンプラグド型」 プログラミング授業づくり

第Ⅶ章　3・4年 「アンプラグド型」 プログラミング授業づくり

第Ⅷ章　5・6年「アンプラグド型」 プログラミング授業づくり

ナビゲーションシステム付きの サイトを活用する

 POINT! 直感的に使える「ビジュアルプログラミング」からはじめる

プログラミング学習の導入は、「楽しそう」「できそう」と思わせる一斉学習から始める。個別学習の段階ではナビゲーションシステムが個々の能力差に対応してくれる。

プログラミング的思考とは、次のように定義されている。

---

① 自分が意図する一連の活動を実現するために、

② どのような動きの組み合わせが必要であり、

③ 1つ1つの動きに対応した記号を、

④ どのように組み合わせたらいいのか、

⑤ 記号の組み合わせをどのように改善していけば、

⑥ より意図した活動に近づくのか、

⑦ といったことを論理的に考えていく力

パソコンクラブ23名（4～6年生）を対象にいくつか授業してみた。
45分間のクラブ活動の流れ（基本型）は次の通り。

活動A（ 5分） パソコンの準備、出席確認

活動B（ 5分） 本時で使うツールの一斉指導

活動C（15分） 各自で課題にチャレンジ

活動D（ 5分） 課題の解説、情報のシェア

活動E（10分） 自由時間

活動F（ 5分） 学びの発表、連絡、後片付け

1 授業しやすい子ども向けビジュアルプログラミング言語

「ライトボット」と「アワーオブコード」この2つはナビゲーションシステム
がついていて、子どもたちが1人で課題に取り組めるようになっている。画面
に表示される指示やヒントも端的でわかりやすい。スモールステップでシンプ
ルに「プログラミング的思考」の基本を学べる。3〜4年生ならば、パソコン
に触れる経験が少ない児童がいることも考えられる。そういう児童にもマウス
1つで簡単に活動ができるのもこの2つの良さである。

ライトボット https://hourofcode.com/jp　アワーオブコード https://hourofcode.com/jp

2 初期の指導に最適

ライトボットには「エラー音」がない。

　操作や組み合わせが正しくないときに「エラー音」が鳴らないだけで、やる
気が全く違ってくる。また、ナビゲーションが多言語対応なので、クラスに外
国籍の児童がいても何の支障もなく取り組むことができる。

　アワーオブコードは多様なコンテンツを自由に選ぶことができる。
「スターウォーズ」や「アナと雪の女王」など自分好みのストーリーで課題に
取り組める。また、いつでも自由にコンテンツを再選択できるようにもなって
いる。初期の指導に最適である。

　取り組み始めたら、教師がすることは「驚く」ことだけだ。「○○くん、も
う次のステージにいったの？」「すごい、これもクリアできたんだね」と、児
童が取り組んでいるパソコンの画面を見て、大きな声で、思いっきり驚くのだ。
そうすれば、その児童はさらにやる気になるとともに、他の児童の指標にもな
る。ナビゲーションシステムがあることにより、教師が"PCトラブル係"に
ならず、子どもを称賛することと個別支援にまわることが可能になる。

（許 鍾萬）

プログラミング言語を
4つのステップで指導する

👆 **POINT!** PC技能不要。スモールステップでシンプルに学べる

1　プログラミング言語とは

　プログラミング言語とは、主に人間がコンピュータプログラムを記述、編集するために用いる人工言語で、プログラミング言語でプログラムを開発することをプログラミングという。

　これからは、プログラミングを言語手段として活用し、プログラミング教育を行っていく必要がある。

2　プログラミング言語活用の4つのステップ

　子どもでも簡単に使えるプログラミング言語を紹介する。たくさんある中でも、文部科学省が開発したビジュアルプログラミング言語がお勧めだ（「きみの絵をうごかそう！プログラミン」：画像は全て文部科学省ホームページより）。「プログラムを作る」、「お手本で遊ぶ」、「使い方を覚える」と3つの枠組みが示されていてわかりやすい。

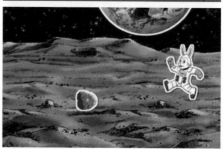

　これを活用し、次の4つのステップで進めていく。

ステップ1　プログラミングのゲームを体験する

　子どもは楽しみながらプログラミングの意味を理解でき、どんなことができるのかというイメージを膨らませることができる。

ステップ２ 自分でゲームを作る

プログラミングは自分で作品やゲームを作り上げることができるのが醍醐味である。しかし、最初から作ることは難しい。そこで、簡単なプログラミングの方法を学び、その後、自分で作る段階となっていく。「おてほんであそぶ」というモードもあり、あらかじめ作られたプログラムを修正して作ることができるようになっている（右上の画像参照）。０から作るよりも、簡単で楽しんで取り組むことができる。

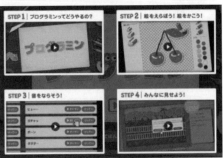

ステップ３ 実際に作ったものを友達と見せ合っていく

ここで、プログラム上の問題が起こってくることが予想できる。そこで次の段階に行く。

ステップ４ プログラムの修正

課題が生まれたらその都度直していく。このステップ３・４がプログラミングの真骨頂である。作ってみて不具合を見つけ、それを修正しより良いものにしていくのである。

この４つの段階を行うことで、ビジュアルプログラミング言語を活用して、楽しく学習できるようになる。

3 まず、自分でやってみる

プログラミング言語は、他にも多数ある。まずは、自分で挑戦してみて、楽しみながら理解することが必要だ。その中で、子どもでもできそうなもの、楽しそうなものを探していくとよいだろう。

（前田吉法）

教師はあれこれ教えない

 POINT! 「3つ」の基本を教えて、あとは子どもたちの自由にさせる

コンピュータを使うプログラミング教育。

おススメの1つが、Viscuit。

インターネットにつながるならば、すぐにできる。

> まずは、インターネットで「ビスケット プログラミング」と検索させる

「ビスケット」だけだと、お菓子のビスケットがたくさんヒットする。

　子どもへの負荷を少なくするためにも、「プログラミング」を入れて検索させたほうがいい。

「VISCUIT（ビスケット）～コンピュータを粘土のように～」というサイトが出る。

　Viscuitの基本は、3つ。

---

① Textで文字や絵を描く。

② めがねで、命令をかける（右下）。

　　左の○が最初の状態。右の○が動く命令。左の○には魚が下にあり、右の○には魚が上にある。だから、魚は、上の方へ進む。

③ プレイ（▶の記号）をクリックする。

　教師が教えるのはこの3つ。

　プロジェクターで教師用のPC画面を見せながら説明する。

　プロジェクターがPC室にない場合は、教師用のPC前に子どもたちを集める。全員来る

と、混雑するので、班ごとに集めさせる。

　また、基本的なやり方は、「やりかたのビデオをみる」をクリックするとよい。「Viscuit」のサイトにある。

　クリックすると、動画でやり方の解説が流れる。

（ブロックされて見ることができない場合はスマートフォンを使うとよい）

　やり方を見せた。

　そして、子どもたちに指示する。

「やってごらんなさい」

「何か発見したら、先生に教えてね」

　子どもたちは、次々と発見する。

「先生、ここを下に下げると、動きだします」

「あのね、もっと下げると、早く動きます」

「背景は、ここで色を変えます」

　大事なことは、教師が驚くことだ。

「すごいねえ！　大発見だ」

　そして、全体に広げることだ。

「みんな、太郎君が早く動かす方法を発見したよ！」

　子どもたちが太郎君に集まる。太郎君がうれしそうに説明していた。

　子どもたちに、いろいろと試させる。

　教師があれこれ教えるというよりは、子どもに発見させた。

　そして教師は驚き、全体に広げた。

　30分後には、どの子も素敵な絵本ができていた。

「立ち歩いて、友達の作品を見て回りなさい」

　次の日。

「先生、家でも、やってきました！」という子が3名いた。　　　　　　　　（林 健広）

マル特情報 「コンピュータを使う」プログラミング授業づくり

ドラッグ＆ドロップで
命令を組み合わせる

 POINT! 気軽に楽しく学べる Scratch

1 キャラクターにドラッグ＆ドロップでプログラミングする

　プログラミングを体験する上で、多くの自治体で使われているサイトがある。「Scratch（スクラッチ）」だ。

　Scratchはネコのキャラクター（スプライト）にスクリプト（命令）を出すことで動くようになるプログラミング教材である。

　まずは、ネコを選んで、動きのスクリプト（「10歩動かすなど」）を選択して動かしてみると、基本がわかってくる。

> 操作の基本は、ドラッグ＆ドロップ

　ドラッグ＆ドロップというとても簡単な動作でネコに「プログラミング」することができる。小学校低学年からでも使えるし、小学校高学年において1年を通した「プログラミング教育」のツールとしても使うことができる。

「スクリプトエリア」にドラッグ＆ドロップで組み合わせることで、プログラミングしていく。

2　総合学習やクラブ活動で

　子どもたちは操作になれるのが早い。担任であれば、総合学習で取り組む事ができる。また、クラブ活動でも可能である。授業の際は、Scratchのプログラミングシートなどを活用すると、授業が安定する（第3章を参照）。

　千葉県柏市では、2018年度から市内全ての小学校でScratchを使ったプログラミング教育を実施している（小学四年生対象）。授業終了後はクラブ活動や放課後子ども教室、家庭と連携しながら作品づくりを進めていくようにしている。「プログラミング資料」「研修用動画」「授業の流れ」などがホームページで公開されている。とてもわかりやすくまとめられている。

（千葉県柏市立教育研究所　http://www.boe.kashiwa.ed.jp/?page_id=431）

3　必須化された「プログラミング教育」

　新学習指導要領でプログラミング教育が必須化になった。

　それに伴って、子どもたちに「論理的思考」を育まなければならない。

「物事を順序立ててプログラムする」ことはもちろんのこと、「何度も何度も繰り返すことをプログラムする」ことも必要になる。

「Scratch」では多くのプログラミング的思考を育むことができる。子どもたちの好きなように、好きなだけ自由にプログラミングできる。

　新学習指導要領のプログラミング教育における目標の1つである「論理的思考」を育むことにもつながり、簡単でシンプルという点においても子どもたちに無理なくプログラミング的思考を育むことができるのだ。

　総合の時間やクラブ活動で使ってみることをおすすめする。　　　（上地貴之）

【ネコが動きながら音を鳴らすスクリプト例】

お手本どおり作って学ぶ 「プログラム視写シート」

 POINT! パソコン画面を写すことで、プログラムを読む・書く力が身につく！

　掲載している「プログラム視写シート」をB5サイズ（もしくはA4サイズ）に拡大印刷して子どもたちに配布する。子どもたちはパソコン（もしくはタブレット等）を使って、プログラムをそっくりそのまま画面上に視写していく。同じ形のブロックを画面上にドラッグし、必要ならば数値を書き換える。シートのお手本を写すだけで、簡単なプログラムを読む力・書く力がつく。

　教師がほとんど説明することなく、子どもたちが集中して活動に取り組む。

　授業を始める前に、次のような画面設定をしておく。

（※本シートは、2020年1月現在のScratch画面に対応しています。）

準備①　Scratch のページにアクセスする（https://scratch.mit.edu/）。
準備②　｜作ってみよう｜をクリックしてプログラム作成画面にする。
準備③　「チュートリアル」が表示されている場合は｜閉じる｜をクリックする。
準備④　画面の左下にある｜≡｜（拡張機能を追加する）をクリックする。
準備⑤　「拡張機能を選ぶ」の中の｜✎｜「ペン」をクリックする。
準備⑥　下の画面のようになれば準備完了（左下にペンが追加されている）。

（許 鍾萬）

Scratch プログラミング視写シート①

勉強した日　　　月　　　日　　　名前（　　　　　　　　　　　　）

① 　AとBのプログラムを写すと、どんな動きになるかな？

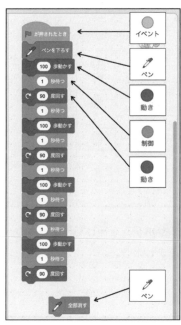

A

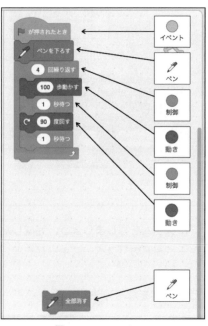

B

① 　Aのプログラムを写しましょう。完成したら 🚩 ボタンを押してみましょう。
② 　Bのプログラムを写しましょう。完成したら 🚩 ボタンを押してみましょう。

② 　うすい字をなぞりましょう。

　　Aのプログラムで分かるように、コンピュータは命令をひとつひとつ順番に実行していきます。これを ┃順次処理┃ と言います。Bのプログラムのように、ある一定のプログラムを繰り返す命令を ┃反復処理┃ と言います。「反復処理」を使うと、短くシンプルにプログラムを書くことができます。

Scratch プログラミング視写シート②

勉強した日　　　月　　　日　　　名前（　　　　　　　　　）

1　次のプログラムを写すと、どんな動きになるかな？

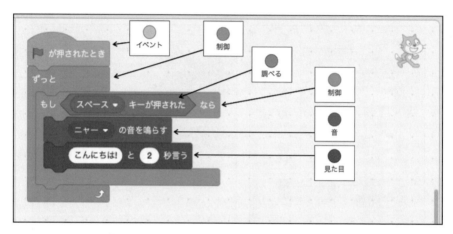

① プログラムを写しましょう。完成したら ▶ ボタンを押してみましょう。
② キーボードの「スペースキー」を押してみましょう。

2　うすい字をなぞりましょう。

> コンピュータは命令をひとつひとつ順番に実行していきます。
> これを 順次処理 と言います。
> ある一定のプログラムを繰り返す命令を 反復処理 と言います。
> 「もし ○○ なら、□□ せよ」のように、条件によって結果が変わって
> いくプログラムがあります。これを 分岐処理 と言います。
> どんなに難しそうに見えるプログラムも、「順次」「反復」「分岐」の3
> つの原理の組み合わせで作られています。

Scratch プログラミング視写シート③

勉強した日　　　　月　　　　日　　　名前（　　　　　　　　　　　）

1　次のプログラムを写すと、どんな動きになるかな？

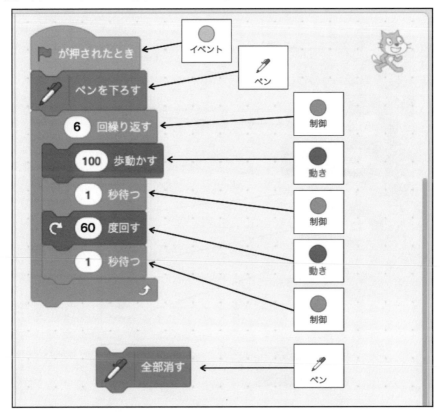

① プログラムを写しましょう。数値はキーボードで書き換えましょう。
② 完成したら ▶ ボタンを押してみましょう。
③ 動きを確認したら ✏全部消す ブロックをクリックして、線を消しましょう。

2　どの図形が描けましたか？　下から選んで○をつけましょう。

正三角形 ・ 正方形 ・ 正五角形 ・ 正六角形

Scratch プログラミング視写シート④

勉強した日　　　月　　　日　　　名前（　　　　　　　　　　　　　）

1　次のプログラムを写すと、どんな動きになるかな?

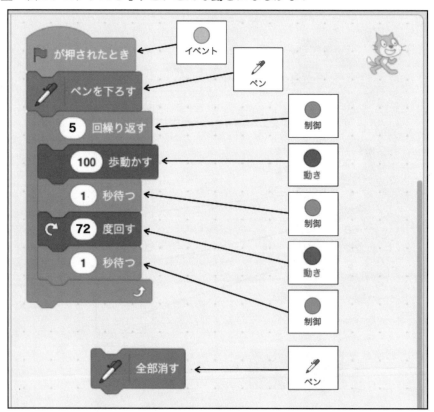

①　プログラムを写しましょう。数値はキーボードで書き換えましょう。
②　完成したら ▶ ボタンを押してみましょう。
③　動きを確認したら 全部消す ブロックをクリックして、線を消しましょう。

2　どの図形が描けましたか?　下から選んで○をつけましょう。

正三角形 ・ 正方形 ・ 正五角形 ・ 正六角形

Scratch プログラミング視写シート⑤

勉強した日　　　月　　　日　　　名前（　　　　　　　　　）

① 次のプログラムを写すと、どんな動きになるかな？

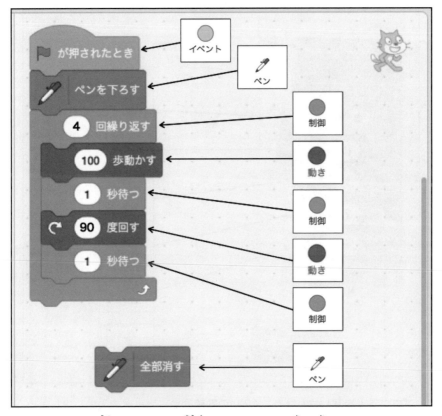

① プログラムを写しましょう。数値はキーボードで書き換えましょう。
② 完成したら 🏴 ボタンを押してみましょう。
③ 動きを確認したら 🖊全部消す ブロックをクリックして、線を消しましょう。

② どの図形が描けましたか？　下から選んで○をつけましょう。

正三角形 ・ 正方形 ・ 正五角形 ・ 正六角形

Scratch プログラミング視写シート⑥

勉強した日　　　　月　　　日　　　名前（　　　　　　　　　　　）

1　次のプログラムを写して「正三角形」を描きます。

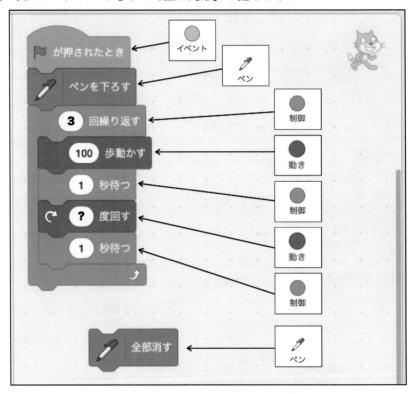

① プログラムを写しましょう。「？」の数値はキーボードで入力しましょう。
② 完成したら 🚩 ボタンを押してみましょう。
③ もし、正三角形にならなかったら ✏全部消す ブロックをクリックして、線を消しましょう。
④ 「？」の数値を変更して、もう一度 🚩 ボタンを押してみましょう。

2　「何度」で正三角形が描けましたか？
　右のブロックに数字を書き入れましょう。

Scratch プログラミング視写シート⑦

勉強した日 　　月　　日　　名前（　　　　　　　　　　　）

① 簡単なクイズのプログラムを写して作ってみよう。

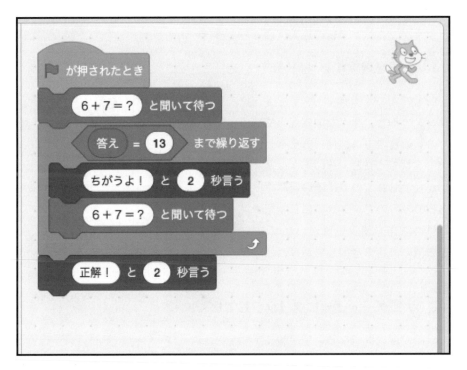

① プログラムを写しましょう。ブロックの形をよく見て探しましょう。
② ブロック内の情報を書き換えましょう。
③ 完成したら🏳ボタンを押してみましょう。
④ プログラムを止めたいときは⬤ボタンを押しましょう。
⑤ もし、クイズが上手く動かなかったら〈 答え = 13 〉ブロックをクリックして、数字が「半角」で入力されているか確認しましょう。
⑥ はやく終わった人は、ブロックを書き換えて別のクイズを作りましょう。

かわいいロボット！「lightbot」の使い方（基本編）

 POINT ナビゲート付きだから1年生でも簡単にできる！

「lightbot」はとても簡単に操作がすることができる。

プログラミング学習の導入にはうってつけである。

1 言語を選択する

右上の丸い「国旗マーク」をクリックすると、様々な国旗が出てくる。最初の方は、使い方をナビゲートしてくれる。そのときに文字が表示されるので、その言語を選択できるのだ。クラスに日本語以外の言語を使う児童がいれば、その国の言語を選択してあげればよい。

2 ナビゲート通りにクリックしていく

言語の選択が済むと、早速始まる。最初は「lightbot」の操作説明を画面上でナビゲートしてくれる。その指示に合わせてクリックをしていくとそれで操作の仕方がわかる。説明はいらない。

「すすむ」を示す矢印と、「電気をつける」を示す電球マークがある。クリックすると画面右の枠に表示される。ロボットに「プログラミング」している内容になる。

入力が完成すると、緑色の実行ボタンをクリックするようにナビゲートしてくれる。ロボットが動き、電気がついてクリアとなる。

3　新しい命令が出てくる

　次のステージに進むと、新たな命令（コマンド）が出てくることを教えてくれる。これも読むだけ。実践しながら覚えていけばいい。

　このステージになると、逐次のナビゲートはなくなる。自分で命令をクリックしていき、クリアを目指す。ステージが進むと新な命令が出てくる。新しい命令を覚えながら進めていくことができる。

4　「間違ってクリックしたらどうするか」を教える

　1つだけナビゲートにないものがある。「間違って、誤った命令をクリックしてしまったときにどうするか」だ。これは、消したい命令をもう一度クリックすれば消えるようになっている。何回でも修正ができるし、間違えてもエラー音が出ないので安心して進めることができる。

5　第2章からはプロシージャ

　「プロシージャ」とは、「プログラミングにおいて複数の処理を1つにまとめたもの」をいう。これもナビゲートが出てくるので、そのアドバイスを聞きながらやっていけばいい。

　ステージが進んでいくごとに難易度も上がり、挑戦し甲斐がある。どの学年でも実践可能である。

（許　鍾萬）

かわいいロボット！ 「lightbot」の使い方（実践編）

POINT! 「子どもをどう動かすか」を考えてからパソコンに触らせよう

1 子どもを動かす法則

　子どもたちをパソコン室に連れていく。低学年の子はパソコンが触れると思ってウキウキだ。しかし、無策でいくと悲惨な状態になることが予想される。

　パソコンを立ち上げ、マウスを持ってワクワクしながら教師の指示を待つ子どもたち。教師が子どもたちに説明する。

「今日は、lightbotを使ってプログラミングの勉強をします」

　そう言ったとたん、子どもたちは歓声をあげてパソコンを操作し始める。

　子どもたちは嬉々として画面に向かうが、それから教師のてんてこ舞いが始まる。子どもたちから個別の質問が次々と出てくるのだ。

「先生、マウスが動きません」

「先生、どこ押したらいいですか」

「先生、画面が消えちゃった」

　1人の質問に答えて対応しているうちに、他の子どもたちが騒ぎ始める。

　あれこれの質問に追われ、てんてこ舞いになる。

　パソコン室を動き回っているうちに授業が終わる。

　これはどこが悪いのだろうか。

　子どもがバラバラに活動し、パソコン室が騒然となる原因は教師にある。

　教師が「マネジメントする方法」を知らないからいけないのである。低学年だけでなく子どもたちと対峙するからには、それ相応の準備とコツが必要なのだ。

　例えば、パソコンを操作させる前に次のようなマネジメントが必要だ。

1　何をするのか端的に説明せよ。
2　どれだけやるのか具体的に示せ。

3　終わったら何をするのか指示せよ。

4　質問は一通り説明してから受けよ。

5　個別の場面をとりあげほめよ。

　これは、向山洋一氏が提唱している「子どもを動かす法則（5つの補足）」である。これを使いこなさなければ、どんなにパソコンスキルが高い教師でも騒然とした状態になってしまう。

2　パソコン室でのマネジメント

マネジメント①　集合させて話をせよ

　パソコンに向かわせてしまうと目の前にキーボードやマウスがある。子どもなら触りたくなってしまうのは自然なことだ。低学年ならなおさらだ。

　導入時なら、各自のパソコンの前に座らせるのではなく、スクリーンの前に集めて話をした方がいい。そうすれば、子どもはスクリーンを見ることだけに集中できる。もし集めるスペースがない場合は、プロジェクターを使ってホワイトボードに教師のパソコン画面を投影させる方法もある。

マネジメント②　教師が間違えておく

　「lightbot」の冒頭のナビゲーション部分。これは全体を集めた後に、一斉に行う。低学年ではナビゲーション通りのこともできない子がいることが考えられるからだ。

　その際、教師がわざと間違う。これは子どもがしてしまいそうなことをするのがいい。「クリックをし過ぎてしまい、矢印が多くなった」「間違った命令をクリックしてしまった」など、失敗しそうなことをあらかじめ示し、その対処法を全員で共有しておく。これをしておくだけで、個別学習時の質問が格段に減る。

（許 鍾萬）

絵本が動く！「Viscuit」の使い方（基本編）

 パラパラアニメを作ろう！

1 授業の基本情報

① 対象：低学年・中学年
② 分類：C 教育課程内で各教科等とは別に実践するもの
③ 時間：1時間
④ プログラミング的思考：アルゴリズム（問題を解く手順）
　　ティンカリング（まずはやってみる）

2 授業の流れ

「Viscuit」を使って、パラパラアニメを作れるようにする。

　まずは、「Viscuit」のサイトから、「やってみる」→「ひとりで作る」を選択し、子どもたちが操作できる段階まで準備する（https://www.viscuit.com/）。

　右のQRコードでは、スライドを使っている。実際に教師がViscuitを操作し、プロジェクターで提示をするとよりよい。

　まずはテンポよく、指示を出し、使い方を教える。

第一部　描いた絵を動かそう

指示 「Viscuit」の画面を開いて、右上の鉛筆マークをクリック。

指示 先生のように、三角を描きましょう。描き終わったら、左下の丸を押します。

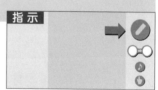

説明 右側のこの道具。「メガネ」といいます。

言ってごらん。

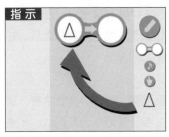

指示 メガネの左側に、三角を入れます。

指示 メガネの右側に、ちょっとだけずらして、三角を入れます。

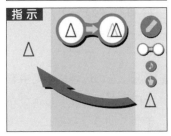

発問 左の広場に、三角を置きます。三角は、どうなりましたか。
「三角が動きました！」「右にずれました！」

指示 ここまでやってみましょう。できた人は自由に動かしていいです。
何か見つけたら教えてください。

　子どもたちが何か見つけたら、見つけるたびに驚き、褒めていく。

第二部　パラパラアニメを作ろう

指示 鉛筆マークをクリック。

説明 色は、真ん中の棒を動かすと変えられます。

指示 先生のように、イモ虫を描きます。描き終わったら、左下の丸を押します。

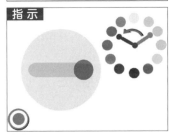

指示 もう一度右上の鉛筆マークをクリックしましょう。

指示 先ほどのイモ虫をクリックします。

うすい絵をなぞり、曲がったイモ虫を描きましょう。描き終わったら、左下の丸を押します。

指示　新しいメガネを、真ん中に出しましょう。メガネの左側に、イモ虫を置きます。

　右側に、ちょっとだけずらして、曲がったイモ虫を置きます。

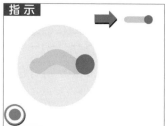

発問　左の広場にイモ虫を持っていきます。イモ虫はどうなるでしょうか。

　予想を聞き、実際にやってみる。すると、イモ虫はすぐに動かなくなってしまう。

発問　どうすればよいのでしょうか。お隣さんと相談してごらん。

　これは、メガネをもう1つ用意する。曲がったイモ虫を、のびたイモ虫にのばす必要がある。

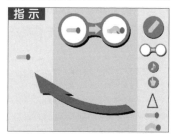

指示　新しいメガネを出して。

　左側に曲がったイモ虫、右側にのびたイモ虫を置きます。

　今度はイモ虫が動くようになる。

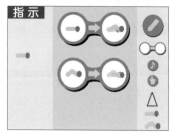

説明　このように、コンピュータを動かすために命令することをプログラミングといいます。今日はコンピュータの絵に、動くように命令をしました。

指示　絵を描いたり、いろいろ動かしたりしてみましょう。何か見つけたら教えてください。

（平野遼太）

そんなの今さら恥ずかしくて聞けない!!

プログラミング用語解説

兵庫県公立小学校教諭　許 鍾萬

①　プログラミング

そもそも「プログラミングって何？」とは、今さら聞けませんよね。コンピュータに思った通りに動作するよう命令することを「プログラミング」といいます。そのために書く命令のことを「プログラム」といいます。

②　プログラミング教育

日本では、新学習指導要領の実施によって2020年度から小学校で必修化される新しい学習内容を指すことが多いです。小学校におけるプログラミング教育は、プログラミングそのものを学ぶことが目的ではなく、「プログラミング的思考」を身につけることを目的としています。具体的には、「自分が意図する一連の活動を実現するために、どのような動きの組合せが必要であり、一つ一つの動きに対応した記号を、どのように組み合わせたらいいのか、記号の組合せをどのように改善していけば、より意図した活動に近づくのか、といったことを論理的に考えていく力」を身につけることが目的となっています。

③　フローチャート

仕事の流れや情報処理の流れを図で表したもの。コンピュータのプログラムを作るときによく使われます。海外ではフローチャートの書き方を授業で学んでいます。それぞれ順番に処理される内容「長方形」、条件によって分岐する内容は「ひし形」、仕事や情報の流れは「矢印」で表現されます。このような書き方は、JIS規格（日本産業規格）で決められています。

④　ビジュアルプログラミング言語

命令ブロックや矢印などのアイコンを並び替えたり、組み合わせたりすることによって、直感的にプログラムを作れるもの。インターネットに接続して使うもの、スマホやタブレットのアプリとして使えるものがあります。ビジュアルプログラミング言語の多くは、専門的な知識がなくても簡単にプログラムが作れることから、初心者向けや教育現場で使われることが多いです。子ども向けのビジュアルプログラミング言語としては「Scratch」「Viscuit」「MOONBlock」「プログラミン」などが一般的によく知られています。

絵本が動く！ 「Viscuit」の使い方（実践編）

 POINT! **変身プログラムを作ろう！**

1 授業の基本情報

① 対象：低学年・中学年
② 分類：C 教育課程内で各教科等とは別に実践するもの
③ 時間：1時間
④ プログラミング的思考：アルゴリズム（問題を解く手順）条件分岐

2 授業の流れ

「Viscuit」を使って、ものに触れると色が変わる絵や、クリックすると別のものになる絵を作れるようにする。

また、条件分岐の概念を知り、身の回りの機械もプログラミングされていることを教える。

「Viscuit」のサイトから、「やってみる」→「ひとりで作る」を選択し、子どもたちが操作できる段階まで準備する（https://www.viscuit.com/）。

右のQRコードでは、スライドを使っている。実際に教師がViscuitを操作し、プロジェクターで提示をするとよりよい。まず、基本形を提示する。

説明 今日のViscuitは、あることをすると、変身するプログラムを作ります。

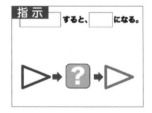

指示 2つの矢印と、はてなの箱を描きましょう（基本編で学習）。

机間巡視しながら様子を見る。早く終わった子には、色を塗らせるとよい。

発問 メガネに矢印を入れます。右を少しずらすと、矢印はどうなりますか？　やってごらんなさい。

　子どもたちにやらせ、動きを確認する。

指示 2つのメガネの左側。矢印とはてなの箱を入れなさい。

指示 メガネの右側。別の色の矢印とはてなの箱を入れなさい。

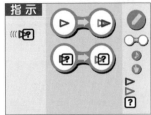

発問 はてなの箱に当たると、矢印はどうなると思いますか？　やってごらんなさい。

　箱への当たり方が正確でないと、矢印の色が変わらない場合がある。机間巡視をしながら、うまくいかない場合は、箱の位置を変えさせるとよい。

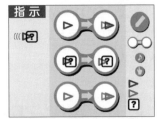

発問 矢印を動かすには、どうすればいいですか。近くの人と言い合ってごらんなさい。
矢印が動くメガネを作らないといけません。

　子どもたちにやらせ、机間巡視で全員を確認する。

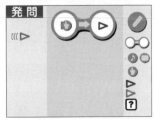

説明 箱に当たると矢印は、色が変わりましたね。

指示 次はクリックすると、矢印の色が変わるようにします。左側は、矢印の上に人差し指マーク。右側は、別の色の矢印のメガネを作ってごらんなさい。

説明 そのままでは、クリックしても変わりません。画面のマークを押すと、

クリックできる画面にいきます。

|発問| これは、何をすると、どうなるのですか。

　クリックすると、色が変わります。

|説明| クリックすると、色が変わるのですね。
このように、〇〇すると、〇〇になる。様々なこ
とができます。

　自分で作って、やってごらん。

　子どもたちのやるものを驚き、褒めていく。

|説明| 〇〇すると、〇〇になる。身の回りには、
様々なプログラミングを、人が考え、作っている
のです。

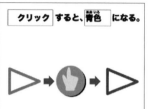

3　身の回りにもプログラミングがあふれていることに気づく

　Viscuitは、幼稚園児でも操作することができるビジュアルプログラミング
言語だ。ただ、操作をするだけでは、子どもたちは絵を描いたり、ゲームをす
ることだけに着目してしまう。

　重要なのは、Viscuitを通じて、身の回りには、プログラミングされたもの
があふれていることに気づくことである。

　身の回りの機械が、何をすると、どう動くのかを考えていけるようになる。

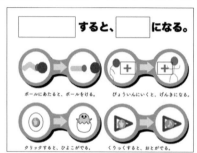

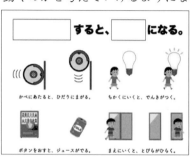

（平野遼太）

調べてみよう　学校のPC環境整備計画

兵庫県公立小学校教諭　許 鍾萬

1　令和元年6月28日「学校教育の情報化の推進に関する法律」が施行

公立学校の場合、政府や文科省の方針をもとにし各教育委員会が整備計画をたてて進めています。政府は「小中学校にパソコンなどの端末を1人1台配備」という方針を打ち出しています。次の資料は文科省のHPで公開されている資料「学校のICT環境整備に係る新たな地方財政措置」の一部です。

文科省では「教育のICT化に向けた環境整備5か年計画」を策定し、2018〜2022年度まで単年度1,805億円の予算を「地方財政措置」としてつけています。

2　地方ごとにPC環境整備見本

「平成30年度学校における教育の情報化の実態等に関する調査結果」がインターネット上で公開されています。

各都道府県のPC環境整備についてのグラフを見ると地域ごとに差があることが分かります。他にも市町村ごとのグラフも一覧になっています。自分が住んでいる地域が、全国の他地域とくらべて進んでいるのか、それとも遅れているのか。一度調べてみましょう。

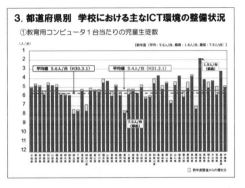

Ⅲ

Ⅲ 3・4年「コンピュータを使う」プログラミング授業づくり

ロボットに命令を出そう
球体ロボット「Sphero Mini」

POINT! 実物が動くことによる感動が、プログラミングへの意欲を高める

1 Sphero Miniとは

Sphero Mini（スフェロ・ミニ）とはピンポン球サイズのボール型ロボットである。ピンポン球のようなプラスチックケースの中にロボットが入っていて、まるでSF映画に出てくるボール型ロボットのように転がりながら動く。

Sphero Miniはスマートフォンやタブレットに専用のアプリを入れることで動かすことができる。このSphero Miniの長所は、動かすための命令の出し方が、4通りあるということだ。子どもたちの学習内容に合わせて、変えることができる。

2 命令ブロックで動かす（ブロックモード）

Scratchのような命令ブロックをコンピュータ上で組み合わせて、実行ボタンを押す。するとその命令が無線でSphero Miniに送信されて、その通りに動くのである。「Scratch」の操作に慣れている子どもたちならば、すぐに基本的な使い方は覚えることができる。画面の中だけではなく、具体物である球体ロボットが動き出す様子は、子どもだけではなく、大人でも歓声が上がる。このような感動がさらに子どもたちの意欲を掻き立てる。

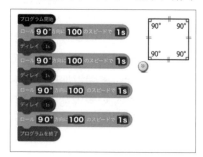

算数の図形の学習を生かして、次のような展開も可能だ。

指示　正方形のルートで動くようにプログラミングしてごらんなさい。

　算数で学習した正方形の学習を思い出しながら「4つの辺の長さが等しい」ことや「1つの角が直角（90度）である」ことを使ってプログラミングさせることもできる。

3　ドローモード（指でなぞって）で動かす

　スマートフォンやタブレットの画面を指でなぞり、描いた線の通りに動くように命令を出せる。例えば、画面に丸を描くと、Sphero Miniは丸を描くように動く。ドローモードと同様にドライブモードというラジコンのように動かすモードもある。どちらもブロックモードより簡単である。よって低・中学年向きのモードであり、コンピュータでロボットを動かすという体験がさせやすいという良さがある。しかし、指で動かしているため、ロボットの動きの再現性が低い。

発問　誰が操作しても同じように動かしたいときには、「ドローモード」「ドライブモード」「ブロックモード」のうち、どのモードを使えばよいですか。

　このように発問して、「プログラムを使うことでいつも、誰でも、同じように動かすことができる」というプログラミングの価値に気づかせることができる。

4　スクリームモード（音感センサー）でセンサーの学習

「センサー」はプログラミング教育で非常に重要な部品だ。Sphero Miniには音に反応するスクリームモードがある。実際に子どもたちの声に反応させて動かすと歓声が上がる。このような活動を通して、「音感センサー」という部品のことを教えることもできる。そこから「自動ドア」など身の回りのセンサーを探していく学習に展開してくこともできる。Sphero Miniのようなロボットを動かす学習で子どもたちに、プログラミングの楽しさを実感させていきたい。

（塩谷直大）

「プログル」を活用した平均の授業

POINT! 「平均」の学習を活用して「プログラミング的思考」を育てる

「NPO法人みんなのコード」が開発した『プログル』は、小学生でも扱いやすい無料の教材だ。

> プログル（https://proguru.jp）

「正多角形コース」「倍数コース」「平均コース」「電気のはたらきコース」など算数や理科などの教科の中で、実施できるプログラミング教育ツールが準備されている。

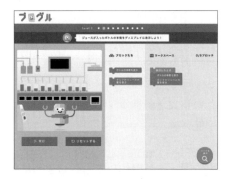

　今回は「平均値コース」を用いた。課題をクリアしながらステージを進めていくコースだ。ホームページには指導案も用意されている。指導案の留意点には次のように書かれている（番号は塩谷による）。

> ① ステージ4まで教師操作により個別でなく全体で考えるようにさせる。
> ② 大型画面に提示し、ブロックを拡大して全員に注目させるようにする。

　特に②が大切だ。ブロックがもつ命令の意味を、一斉指導で全員に理解させなくては、5以降のステージで混乱する子どもたちが続出してしまう。

　留意点に書かれているように『プログル』の画面を拡大

して提示しようと試みた。しかし、ブロックを拡大するとアニメーションの画面が見えなくなり、関連性がわかりづらくなる。

　また教師の操作が難しく、授業のテンポが悪くなる。そこで『プログル』の画面に似せた授業コンテンツを作成した。

　ステージ1では「ディスプレイ」や「実行ボタン」という『プログル』のキーワードを教える。

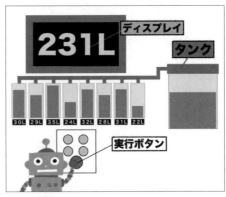

|指示| ついて読みます。ディスプレイ。（ディスプレイ）

|指示| 実行ボタン。（実行ボタン）

|説明| ロボットが実行ボタンを押すとディスプレイに数字が出ます。

　※コンテンツを動かす。

|発問| あの数字は何を表していますか。（ジュースの本数）

|説明| どんな命令ブロックが組み合わせてあるか見てみましょう。

　画面でブロックを提示する。

|指示| では自分のパソコンでステージ1に挑戦してごらんなさい。

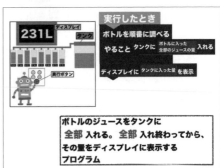

　全員がすぐに1をクリアできた。次はコンテンツ画面で2を教える。これを4まで繰り返すことで、どの子も混乱なくクリアできた。5以降の課題は、各自で取り組み、楽しそうに熱中していた。「プログル」は素晴らしいプログラミングツールだ。その良さをより引き出すために、教師の工夫は欠かせないことを実感した。

　右のQRコードから、本稿で紹介している「プログル」対応の授業コンテンツをダウンロードすることができる。

（塩谷直大）

人気キャラクターと楽しむ！ 「Hour of Code」の使い方（実践編）

 POINT! 1時間でプログラミングのゲームを作ることができる！

1 授業の導入

　許氏の授業の導入（TOSS伊東合宿の全体会での模擬授業）を追試する形で紹介する。

　[発問] アワーオブコード。見たことある人？　やったことがある人？

　[説明] 世界中で16万件以上の学習会が行われています。日本では、153件の学習会が行われたそうです。オレンジの点のところが、アワーオブコードの勉強が行われた場所ですね。

　[発問] アワーオブコードのサイト、トップ画面です（インターネットの画面を見せる）。どれをやってみたいですか。

　「スターウォーズ」のコンテンツを見せ、その場でやってみせる。

　最初の課題は、教師が操作する。直感的にやり方がわかるので、次はどのように解くのかを子どもにたずねる。

　子どもから出た意見をもとに、

画面を操作する。キャラクターが命令通りに動き課題クリアとなる。

　ここまで「プログラミングとは何か」を説明していない。説明せずに「やってみせる」ことで、プログラミングとは何かというイメージをもつことができる。

説明　このように、命令を書いて、自分の思い通りに動かすことを「プログラミング」といいます。言ってごらん。

　この時点で「もっとやってみたい」という状態になっている。

2　授業の中盤

　この後、子どものパソコン画面をアワーオブコードのサイトに移動させ、実際にさせてみる。子どもたち同士で教え合ったりする姿が自然とみられるようになる。

　日本で人気のキャラクターは、「スターウォーズ」「モアナと伝説の海」「マインクラフト」「アナと雪の女王」の4つしかない。「アナと雪の女王」は、角度を考えて、線を書いていくプログラミングなので、中学年には難しく感じる。おススメは、「スターウォーズ」である。動きや点数、音の動かし方や出し方を学んでいくので、わかりやすい。最後は、敵にぶつかってポイントを取ったり、よけてポイントを取るなどのゲームを自分で作ることができる。

3　授業の終盤

　考えている方法は2通りある。

> ①　別のアクティビティをさせる。
> ②　作ったゲームを友達に紹介し、実際にやってもらう。

　子どもたち同士の交流を考えるなら、②がよい。友達の作品を実際に操作してみて、面白かった方法や知らなかった方法を学べる。そして、もう一度ゲーム作りに取り組ませる。さらにより良い作品を作れたり、お互いのゲームを良さを言ったりと楽しい時間になる。

（松村 翔）

「Scratch Jr.」の使い方 （基本編）

 プログラミング体験を簡単に保障できる

1 Scratch Jr.（Scratch・ジュニア）とは

　Scratchの入門編アプリで、5歳から操作できるタブレット用のプログラミングツールである。ブロックを組み合わせていくことで、キャラクターやイラストを動かしたり、歌わせたりすることができる。文字が読めなくても、プログラミングを体験できる設計だ。はじめてのプログラミング体験に適したツールだ。

2 Scratch Jr.の基本的な使い方を教える

　直観的に操作できるように設計されているが、最初は「基本的な使い方」を教える。Scratch Jr.の画面を拡大提示して、どのブロックにどのような意味があるのか、教えてあげるとよい。

　右のQRコードから使い方を紹介している動画を視聴できる。

3 Scratch Jr.でアニメーション作り

　プログラミングをやったことがない3年生に、「Scratch Jr.」を使った授業を行った。簡単な使い方を教え、次の指示をした。

指示 **自分で作ってみたいものを自由に作ってごらんなさい。**

　キャラクターを動かして、自分だけの物語を作る子、自分で描いたイラストを動かす子、ゲームを作ろうとする子など、どの子も熱中して取り組んでいた。1時間たっぷりプログラミング体験の時間をとった。

4 お手伝いロボットの授業で「反復」を教える

説明 お手伝いロボットに、テーブルのお茶碗を台所まで運んでもらいます。お茶碗は5つあります。ロボットは1回に1個ずつしか運べません。

発問 どんな命令を出すとよいですか。

子どもたちは「茶碗を持て」「廊下に沿って歩け」など口々に発表する。そこで、次の命令を組み合わせて、考えてもらうことにした。

①茶碗を持て　②まっすぐ進め　③突き当たったら止まれ　④右を向け　⑤左を向け　⑥茶碗を置け　⑦後ろを向け

付箋（TOSSメモ）を配り、1枚に1つずつ命令を書かせた。そしてそれを班に1枚のホワイトボード（ジャンボTOSSノート）の上で並べさせ、ペンで矢印を書いて結ばせた。

そのうち子どもたちから、「同じ命令を繰り返している」と「繰り返し（反復）」というキーワードが出てきた。さらに「Scratchだったら、繰り返しブロックがあったのに！」と体験をもとにした発言もあった。

指示 繰り返しのことをプログラミングでは反復といいます。反復したい命令のかたまりを、囲んでごらんなさい。

子どもたちは、相談しながら命令を囲むことができた。このような体験をもとにした知識が、教科で学習する内容（わり算の筆算など）につながっていけば、プログラミング的思考を養うことになるだろう。

（塩谷直大）

「Scratch Jr.」の使い方（実践編）

 POINT!　自分の地域の良いところを Scratch Jr. で紹介させる

1　低学年でも楽しめる「Scratch Jr.」

「Scratch Jr.」というタブレット専用のプログラミングアプリがある。アンドロイドとアイパッドのどちらでも無料でインストールできるアプリだ。プログラミングツールである「Scratch」が８歳以上を対象にしているのに対して、「Scratch Jr.」はさらに低年齢の子どもを対象にしている。文字が読めなくてもプログラミングできるように設計されている。「命令ブロック」を組み合わせてキャラクターや自分の描いた絵を自由に動かすことができる。

　私はこのアプリを使って低学年で実践したが、すぐに使い方を理解して、楽しいアニメーションを作成できた。

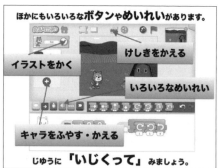

2　一斉指導で基本的な使い方を教えよう

　低学年や中学年では、タブレットを触らせる前に、上のような操作画面を拡大した画像を提示して、どこをタップすればどのような動きになるのか「基本的なこと」を教えておく。基本的なことを理解させれば、あとは自由に試行させる。子どもたちは、自分たちで様々な機能に気がつき、使い方を身につけていく。教師は褒めながら、個別指導に当たればよい。

3　自分の町の良さを伝えるアニメーション作り

「Scratch Jr.」は、自分で撮影した画像をアニメーションの背景として使用できる。

　この機能を利用し、3年生の総合的な学習の時間「地域の良さを調べて、発表しよう」という単元でプログラミング教育を行った。

　指導計画は次の通りである。

第1時　Scratch Jr.の使い方に慣れよう
第2時　Scratch Jr.でアニメーションを作ろう
第3・4時　町探検に行こう
　　　　　　（紹介したい場所を撮影させる）
第5時　町の紹介アニメーションを作ろう
第6時　アニメーション交流会をしよう

　まず事前に2時間「Scratch Jr.」に触れさせ、使い方を理解させる授業を行った。また地域を実際に見学する学習をしておき、タブレットで「紹介したい場所の写真」を撮影させた。第5時の授業では次のように進める。

指示　紹介したい場所の写真を選びなさい。
指示　その写真をScratchの「景色ボタン」で選びなさい。
指示　その場所を紹介するアニメーションを作ります。
自分でイラストやセリフをプログラミングしてごらんなさい。

　右上のような楽しいアニメーションを作成することができた。

（塩谷直大）

QRコードから児童のアニメーション作品を観ることができます

美味しい！ 簡単！「グリコード」の使い方（基本編）

 POINT 「教室にあるもの」で簡単にプログラミングができる

わざわざパソコン室に行く手間が省ける。教室でもiPad等のタブレットさえあれば、だれでもどこでも簡単にできる。

それが、「グリコード」というプログラミングアプリである。

1 4つの手順で簡単にプログラミングが学べる

グリコードはグリコが提供する無料アプリである（https://cp.glico.jp/glicode/）。

必要なのはタブレットとお菓子（後述）のみ。まず、グリコードをダウンロードし、アプリを開く。グリコードは以下の4つの手順で行う。

4つの手順
①　お菓子を並べる
②　カメラで読み込む
③　プログラムを実行する
④　お菓子を食べる

この4つの手順で簡単にプログラミングができる。

（2019年12月25日現在、右下に授業用コースなるものも設置されている）

2 グリコード授業の実際

児童用タブレットは、1人に1つが望ましいが、1班に1つでも十分に可能である。また、児童用タブレットがない場合は、教師用タブレット等を使って全体に行うことも可能である。教師が手本として見せる場合、各教室に設置されているような、テレビに教師用タブレット等をつないで子どもたちに見せるとよい。

3　学校でお菓子は使えない！

　学校でお菓子が使えないこともある。その際は、ペンで代用することも可能である。

　ものにこだわりたければ、「ポッキーのおもちゃ」が近くのお店で売られている。このおもちゃの紐を切り、ばらばらにした状態にして、学校で使うことも可能である。もし、何も用意できるような環境にない場合、近くにあるペンなどで代用もできる。

4　プログラミングの原理三原則

　プログラミングアプリの1番の良さは「体験」を通じて「誰でも」「どこでも」「簡単に」プログラミング的思考を育むことのできるところにある。

　無論、このグリコードにも、そのような仕掛けは存在する。

「順次処理」「反復処理」「分岐処理」である。

　ステージクリアを通じて少しずつ複雑になってくる。

「順次処理」から、「反復処理」とスモールステップで何度が上がっていく。

　「今やったのは、順次処理というんだね」

　「これは、反復処理ですよ」

というように、プログラミングの3つの原則を、子どもたちに「体験」を通じて教えることができる。それだけではない。このプログラミングがどのような式でプログラムされているのかという「文字式」までも見ることができる。

「右に動くボタンを押してごらん」と指示し、「いま、みんながやったのを難しい式にするとこういうのになるんだね」と確認しながら、簡単に楽しくプログラミングに慣れさせることができる。

　なお、「授業用コース」では3つのプログラミングの原理を6つのコースで学ぶことができる。目の前の子どもたちの実態に合わせて、コースも選択可能である。1時間余った空き時間などに使うのもよい。　　　　　　　　　　（許 鍾萬）

美味しい！ 簡単！ 「グリコード」の使い方（実践編）

 POINT! 「教室の環境」を整えてからグリコードを立ち上げよう

1 教室の環境を整える

「グリコード」は教室で行うこともできる。教室で行う場合、教室内の子どもの上をすべて同じ状態にしなければならない。教室以外も同じである。いわゆる授業に向けての環境整備である。同じ状態とは、「机の上に何もおいていない状態」を指す。

指示 机の上にあるものをすべて机の中に入れなさい。

　子ども全員授業の始まりを同じ状態にしなければならない。筆箱が出ている、ペンが出ている。そのような状態で授業を始めたら授業に集中しない子どもが出てくる。時間ができたときに手遊びする子どもも出てくる。まずは、環境整備が大事である。

2 すべては一時に一事の指示＆確認

指示 〇〇の人、タブレットを前に取りに来なさい。

　　　　〇〇の人は、ポッキーを取りに来なさい。

　この指示は学校の実態に応じて変えなければならない。2人に1つや班に1つならば、代表者が取りに来ることになろう。1人に1台ならば、全員が一度に来ると、混雑する。「机の上が何もなくなった人から前に取りに来なさい」というような指示もあり得る。

　全員が取りに来たら、全員に行き届いているのかを確認する必要がある。ここまで全員同じ状態にして、グリコードに入る。そうすると混乱が少なくなる。
　1つ1つ確認の作業が必要になる。
「手にもっているものを、置きなさい」「先生のほうに、おへそを向けなさい」。このような指示も有効である。

指示　グリコードを開きなさい。
指示　「はじめる」ボタンを押しなさい。

説明　今から、皆さんがやるのは「グリコード」というものです。
みんなの力で、くまさんと女の子を会わせましょう。

　はじめは教師が手本を見せてもよい。もしくは子どもたちにさせてもよい。

　ステージ1−1を終えたところで、
発問　今、ポッキーを使って何をしましたか。隣の人に言いなさい。
→「くまさんと女の子を会わせた」などが出る。

説明　このように、思ったとおりに動かすためにはどうすればいいのか考える。これを「プログラミング的思考」といいます。
　グリコードはただの遊びではなく、プログラミングをしていることをつたえる必要がある。

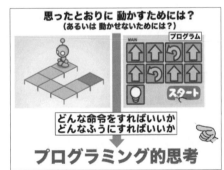

説明　今みんながやったのはプログラミングです。
説明　「右へすすむ」ボタンを押してごらん。今みんながやった「右にすすむ」にはこんな式が使われています。
「順次処理」や「反復処理」「分岐処理」といったそういう流れも、グリコードの流れの中から行っていけばよい。大切なことは、その場その場で1つずつ入れていく「一時一事」である。

（許 鍾萬）

世界中で大人気！ 「Scratch」の使い方（基本編）

 POINT! Scratchの使い方を身につけることが、プログラミングの第一歩

1 授業の基本情報

① 対象：中学年・高学年
② 分類：C 教育課程内で各教科等とは別に実施するもの
③ 時間：1時間
④ プログラミング的思考：アルゴリズム（問題を解く手順）
　　デコンポジション（問題の細分化）

2 授業の流れ

---

① 猫を動かす

スクリーンにScratchの画面を映し出す。

指示 右側の画面に猫がいます。
緑の旗をクリックするとどうなるか
見ていなさい。

発問 どうなりましたか。
（右に動きました。）

発問 猫をもっと動かしたかった
ら、どのようにすればよいでしょう
か。
ヒントは、真ん中の部分です。
100歩を200歩に変える。

「旗が押されたとき」と「○歩動かす」のブロックを使って、猫を動かす体験を1人1人にさせる。

> ② 猫を動かせた後、「こんにちは」と言わせる

説明 猫を200歩動かせた後、「こんにちは」と言わせます。

発問 紫色の「見た目」をクリックしなさい。
どのブロックを使えば、「こんにちは」と言わせることができますか。
（「こんにちはと言う」のブロックです。）

　子どもたちに体験をさせる。子どもが「こんにちは」を別の言葉に変えることができることに気づいたら、褒めていろいろな言葉を入れさせる。子どもが気づかないときは、教師が教える。

説明 「こんにちは」だけでなく、いろいろ言わせることができます。
先生は、「Hello!」と言わせます。
「こんにちは」の言葉を「Hello」や「さよなら」など、いろいろな言葉に変えて体験させる。

> ③ 「ずっと」を使って猫を動かす

発問 スクリーンを見なさい。どのようなプログラムになっていますか。
「ずっと」の中に、「10歩動かす」や「もし端に着いたら、跳ね返る」などがある

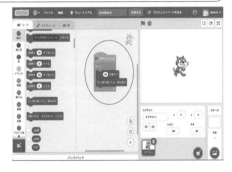

指示 同じように作りなさい。

　それぞれ実行させる。跳ね返るとき、猫が上下逆さまにひっくり返ることがある。そのときに、「回転方法を左右のみにする」を入れたり、「向き」のところでひっくり返らないようにボタンを押したりする。

④　自由試行をさせる

　基本的なことができるようになると、スプライトを変えたり背景を変えたりするなど、子どもたちは自由に活動に取り組みたくなる。そこで、子どもたちに自由試行をさせる。難しいところは、その都度教師がサポートをする。

⑤　場所の名前を確認する

　それぞれの場所の名前をいっしょに言わせるなどして確認する。

ア．タブ

イ．ブロック

ウ．スクリプトエリア

エ．背景

オ．スプライト

など。

（井上　武）

コラム　基本から応用まで
授業で使えるプログラミングのソフト

兵庫県公立小学校教諭　許 鍾萬

1 ぱっと見て使える「ビジュアル・プログラミング」ソフト

プログラミングゼミ（https://programmingzemi.com/）

　　　ブロックをつなげてプログラムを作って
いきます。直感的に操作できるので、低学
年の子どもでも簡単に取り組むことができ
ます。使い方の動画もあり、プログラミングの基
本から応用まで楽しく学べます。「パソコン版」と、
スマホやタブレットで使える「アプリ版」があります。どれも無料で使えます。

Blockly Games（https://blockly.games/）

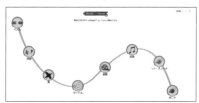

　　　Google社が開発しました。
プログラミングを学べるゲーム
がウェブ上でできるように公開
されているものです。パソコン、スマホ、
タブレットどれでも使える無料のサイト

です。8種類のゲームが用意されています。ひとつひとつのゲームが短時間で
できます。「パズル」や「迷路」など簡単なものから取り組んでいくとよいで
しょう。（※全てのゲームが日本語に対応しているわけではありません）

2 身近な物を動かしてみる「フィジカル・プログラミング」ソフト

MakeCode（https://www.microsoft.com/ja-jp/makecode）

　　　Microsoft社が開発しま
した。ブロックを組み合わ
せてプログラミングを体験
できます。「micro:bit」や「LEGO」
などを接続して、実際にプログラム
どおりに動かしてみることもできま

す。「インターネット上のページ」と「Windowsアプリ」があります。どち
らも無料です。

世界中で大人気！
「Scratch」の使い方（実践編）

 POINT! 正多角形の作図方法を考えさせる

1 授業の基本情報

① 対象：5年生
② 分類：A学習指導要領に例示されている単元等
  で実施するもの
③ 時間：1時間
④ プログラミング的思考：アルゴリズム（問題を
  解く手順）
  デコンポジション（問題の細分化）

2 授業の流れ

「Scratch」を使って、正多角形を描く。

① 正方形を描く

説明 猫が動いて正方形を描きます。

指示 どのようなプログ
ラムか、近くの人と説明し
合いなさい。

指示　同じようにプログラムを作って、猫に正方形を描かせなさい。

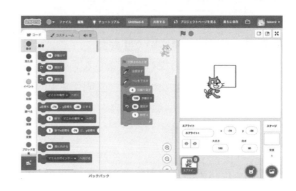

発問　このプログラムを見て、気づくことはありませんか。

　同じプログラムがある。
同じプログラムが4つある。

発問　このプログラムを簡単にする方法があります。
ヒントは「制御」の中のブロックを使います。

「○回繰り返す」のブロックです。
「100歩動かす」「90度動かす」「1秒待つ」のプログラムを4回繰り返すことを子どもたちとやりとりしながら、確認する。

指示　繰り返しのブロックを使って、プログラムを作りなさい。

②　正六角形を描く

指示　正六角形を描くには、どのようなプログラムにすればよいでしょうか。
近くの人と相談しなさい。

　正方形のプログラムをもとに考えさせる。「6回繰り返す」はすぐにわかるが、「○度回す」が難しいと考えられる。実際にプログラムを作らせて、試行錯誤させる。

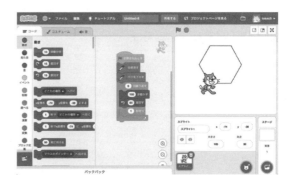

[発問] 何度回せばよいですか。

　60度。外角をとらなければならないので、120度ではなく60度となる。小学校では外角は学習しないので、説明する必要がある。

---

③　正八角形を描く

[指示] 正八角形を描きなさい。角度は45度です。繰り返しは8回です。

---

④　角度の求め方を考える

[説明] 正方形は90度で4回繰り返しました。
正六角形は60度で6回繰り返しました。
正八角形は45度で8回繰り返しました。
正十角形は36度で10回繰り返します。

[発問] 正多角形を描くときの角度は、どのようにして求めることができますか。
　360度を正多角形の数で割ればよい。

[説明] 例えば、正八角形の角度は、360度÷8で、45度となるのですね。
この計算をプログラムの中に入れることができます。

[指示] 「演算」の中のわり算の式を角度のところに入れなさい。

[発問] どんな式になりますか。

　360÷8（表記は360/8）

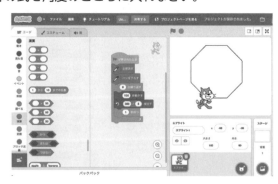

⑤　正七角形を描く

指示　正七角形をかきなさい。

　演算を使って、360/7に変えてかかせる。

説明　正七角形は、実際に角度を測って描くことはできません。

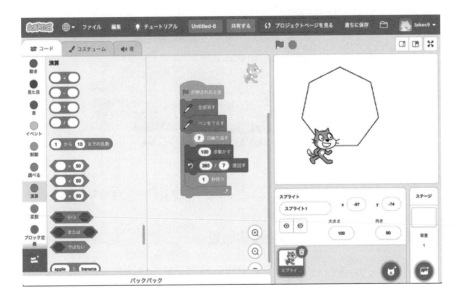

360÷7は、割り切れません。

でも、プログラミングをすることで、人の力では難しいことでも、できることがあるんですね。

（井上　武）

「Google Blockly」 の使い方 （基本編）

 ドラッグ・ドロップを含めた基本的な使用方法をマスター

1 Google Blocklyとは？

Google Blocklyとはgoogleが無料で提供してくれている、ビジュアルプログラミングだ。これを使えば基本的なプログラミングの内容を理解させることができる。

3回の授業で基本的な操作ができるようになる。

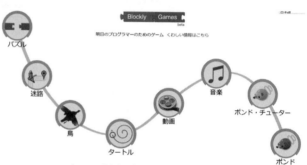

https://blockly.games/?lang=ja

2 それぞれのコンテンツとその特徴

パズルはドラッグ＆ドロップの基本的な操作を身につけさせるのにいい。一度子どもの前でやって見せてから、やらせてみるといい。

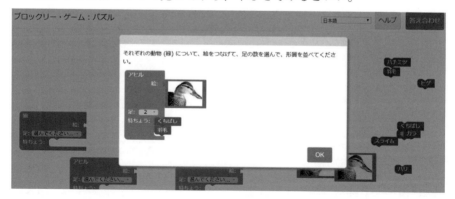

迷路はプログラミングの基本である、「順次処理」「繰り返し」「分岐」の意

味を理解させることができる。チュートリアルも出ているので、わかりやすい。

鳥は条件制御についてさらに深く学ぶことができる。

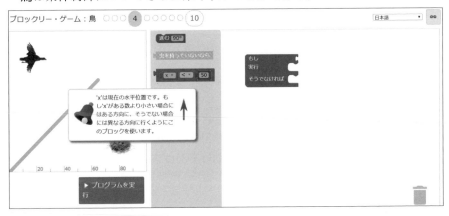

タートルは作図のプログラムだ。

小学生の入門としてはここまででよいだろう。

1日目「パズルと迷路」、2日目「鳥」、3日目「タートル」という形で授業できる。子どもたちの使用しているPCのブラウザにお気に入り登録などしておくと余計な時間が省ける。

（平山　靖）

「Google Blockly」の使い方 （実践編）

 子ども同士助け合わせ、教師が説明しすぎないほうが熱中する

1 「迷路」指導のポイントは友達同士助け合わせること

迷路は、3つの基本について学ぶことができる。まず、次のように話す。

> プログラミングの基本的な考え方は3つしかありません。順次処理（順番に命令が行われる）、繰り返し（〜を繰り返せ）、分岐（もし〜なら）です。それを体験しながら学んでいきましょう。

迷路を開かせる。

> 順次処理とは、命令には順番があり、順に進んでいく、という考え方です。

ステージ1を教師がやって見せる。その際に、ドラッグ、ドロップの仕方を見せる。そしていらないブロックの捨て方も見せる。プログラムの実行を押してスタートするところも見せる。

> ステージ1・2が終わったらお友達を助けてあげましょう。

助け合って進ませていくとどの子も取り組むことができる。そうして全員が終わったことを確認してから、ステージ3を開かせる。

> まっすぐ進むを何個も置いてもいいんだけど、ブロックを少なくしなくちゃいけない。どうすればいいか？ この繰り返しブロックを使います。

これも教師がやって見せるのがいい。答えまで見せる。

> では自分でやってみましょう。ステージ5まで終わったら友達を助けてあげましょう。

助け合って進ませていくとどの子も取り組むことができる。そうして全員が5まで終わったことを確認してから、ステージ6を開かせる。

基本的に「まっすぐ進む」を繰り返してほしいね。でも左に曲がれるときには、曲がってほしい。それをこの「もし」というブロックを使ってプログラムを作ります。これが分岐です。

これも教師がやって見せるのがいい。答えまで見せる。

それでは自分でもやってみましょう。ステージ7まで終わったら友達を助けてあげましょう。

全員が7を終えた段階であとは自由に解かせていく。時間が来たらそれで終わりでいい。家でもやってくる子もいるだろう。基本的な部分については見せ、あとは子ども同士で助け合わせることで済む。教師はその環境をつくってあげればいいのだ。

2 「鳥」指導のポイントも助け合わせること

指導時間的にも、「鳥」は2時間目に扱う。そこでステージ1だけ教師がやって見せ、次のように言う。説明しすぎず助け合わせることで学ばせる。

ステージ3まで終わったら友達を助けてあげましょう。

そしてステージ4を開かせ、座標の考え方について見せる。教師が答えをやって見せるのがいい。あとはそれぞれ進ませていく。すべてのステージが終わった子には、終わっていない子の手助けをさせる。その際、答えを教えるのではなく、ヒントを与えるようにしてあげてね、ということを話しておくとよい。

3 「タートル」指導のポイントは説明しないこと

指導時間的には3時間目となる。もう基本的なことについてはすでに扱っている。ここで必要なことは説明しないことである。教師はメンターとなり、子どもたちを助けて回ることが大切だ。もちろん終わった子たちにはメンターになってもらう。そうやってクラス全体で行っていくのがおすすめだ。

（平山 靖）

「植物の発芽と成長」 実践例

 POINT! **Viscuitで自然現象をプログラミング**

1 植物の成長をプログラミングする

5年生の理科で「植物の発芽と成長」という単元がある。単元後半にプログラミング教育を組み込んだ。次の本がヒントになった。

> 『Nature of Code ―Processingではじめる自然現象のシミュレーション―』ダニエル・シフマン、2014年9月（ボーンデジタル）

この本は生き物の群れや遺伝、樹木の形状など自然界のルールをコンピュータ上でシミュレーションすることで、プログラミングスキルを向上させていくためのテキストである。

プログラマーのためのテキストであるが、この本の考え方は小学校のプログラミング教育において非常に参考になる。理科で学んだ発芽や成長の条件という「自然界のルール」を用いてプログラミングし、自分が意図した「できるだけ自然界に近い」状況を作りあげていく過程は、プログラミング的思考を育てることにつながる。

2 Viscuitでプログラミング

子どもたちが操作しやすいViscuitというプログラミング言語を使用させた。

自分で描いたイラストに「メガネ」で命令を出して動かしたり、変化させたりすることができる（https://www.viscuit.com）。

授業の最初は、教室の大型テレビで教師がViscuitの画面を提示して、やり方を教えた。インゲン豆の種子の絵を描いて発問する。左のQRコードからやり方

の動画が視聴できる。

発問 この種子を発芽するようにプログラムします。発芽の３条件は何ですか。

「水」「空気」「適した温度」と子どもたちはすぐに答えた。前の時間までに実験を通して学習している。

説明 「空気」と「適した温度」はこの画面上に存在することにします。「水」を描き加えます。

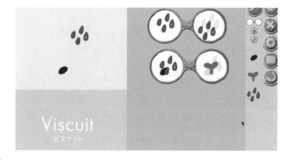

そう言ってViscuitに「雨」のイラストを描き、メガネに命令を加えて、種に「水」が与えられるようにした。

種が子葉に変化すると子どもたちは歓声をあげていた。

このときメガネにどのような命令を加えたのか、黒板に貼っておいたホワイトボード（ジャンボ ホワイト・TOSSノート）に書いておく。

指示 このように種子から発芽し、成長していく様子をプログラミングで表現しなさい。

その後、パソコン室へ連れて行き、Viscuitを起動させ、作業を始めさせる。私は黒板に貼っていたホワイトボードをパソコン室へ持って行き、子どもたちの見える場所に貼り付けた。子どもたちは、もしプログラムのやり方がわからなくなっても、ホワイトボードを見れば思い出すことができる。

3 命令プログラムを共有化

子どもたちは、パソコンに向かい工夫を凝らしたプログラムを作り出していた。

指示 うまくいった命令があったらホワイトボード（ジャンボホワイト・

TOSSノート）に書き込みなさい。

　新しいアイディアを思いついた子が、次々とホワイトボードに命令メガネを書き込んでいく。

　ある男子は、「種子に水をあげると水が消えてしまって、他の種子に水をあげることができない。でも、このように命令したら水は消えずに残る」と言いながら命令を書き込んでいた。

　書かれた命令を見て、他の子も真似することができる。自分のプログラムを進化させることができるようになるのだ。多くの子が「発芽のプログラム」をつくることができた。さらに「日光」や「肥料」も加えた「成長プログラム」まで完成させていた。右のQRコードから作品を視聴できる。

> ### ジャンボホワイト・TOSSノート
> 　ジャンボホワイト・TOSSノートの優れた点の1つとして「どこでも持ち運べる」ということが挙げられる。どこにでも貼れて、どこでもホワイトボードとして使うことができる。このことにより、優れた教育技術である「向山式板書指導法」がどこでも追試できるようになる。普段は黒板がない場所でも子どもたちが、考えや意見をホワイトボードに板書できるようになるのだ。

4　理科「メダカ」に発展させる

　5年生の理科で「メダカの誕生」という単元がある。単元末で再びViscuitを活用した授業を行った。

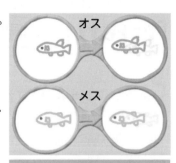

指示 メダカの産卵をプログラミングします。Viscuitでオスとメスの絵を描きなさい。

　絵は簡単でよいが、オスの見分け方である背びれや尻びれの形は、わかるように描かせる。描いたオスとメスは数匹ずつステージに置いて、メガネを使って泳ぐようにプログラミングしておく。

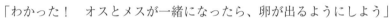

指示 学習したことを生かして、メダカが卵を産む様子をプログラミングしなさい。

　子どもたちは、すぐにひらめいたようだった。
「わかった！　オスとメスが一緒になったら、卵が出るようにしよう」

　パソコン室では、自然と子ども同士のアイディアの交流が始まる。相談しながら子どもたちは、プログラムを作り出した。上のようなプログラムである。「オスとメスがくっつくと、メスから卵が産まれる」というものだ。プログラムを動かすと、オスとメスがくっつく度に、卵が生まれていく。「わー！　生まれた！」画面の前で歓声があがっていた。

5　さらに発展していく

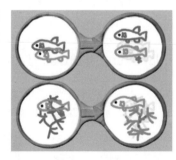

「卵を水草につけたい」「卵を孵化させたい」子どもたちは自分のアイディアをもとにプログラムをさらに改良していった。右のプログラムは、普段おとなしい女の子が作ったプログラムである。

　メスが卵を腹につけて、水草につけるという動作を再現している。この子の発想力の高さに驚いた。QRコードから動画を視聴できる。自然現象をプログラミングさせることは、プログラミング的思考を育てる上で、効果があると実感した。

（塩谷直大）

「音作り」 実践例

POINT! ボタンを押すだけ。低学年でも作曲ができる！

1 授業の基本情報

① 対象：5学年（低学年でも可能）
② 分類：B学習指導要領に例示されてはいないが、学習指導要領に示される各教科等の内容を指導する中で実施するもの
③ 時間：1～3時間
④ プログラミング的思考：ティンカリング　順次処理　条件分岐

2 活用した教材

「Scratch」の作品紹介サイト「コドモとアプリ」に、「オルゴールで作曲しよう」というコンテンツがある。

　好きな音符をクリックし、「えんそうをかいし」を押すだけで、演奏ができる。とても簡単だ。

　音符を2回押せば、♯などの半音にも対応し、幅広い作曲が可能である。

　このページをリミックス（修正追試）した。下記のコンテンツだ。

> 「Scratchで作曲しよう」https://scratch.mit.edu/projects/351681853/

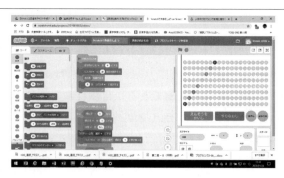

QRコードから作品ページにジャンプすることができる。

修正箇所は、ドレミを下から順に配列したことである。

子どもたちは五線譜に近い形で作曲をすることが可能になった。

非常にわかりやすいため、低学年でも使用できる。

ただし、このコンテンツは、Scratchで作成しており、20音しか音が入らない。20音ずつメモをさせたほうが、より長い作曲ができる。

また、音符は、長押しをすると移動させることができるが、小学生の場合、意図せずにずれてしまうことが多い。困っていたらサポートしたり、ページの更新をして戻したりするとよいだろう。

3 授業準備の方法

準備するもの
① iPad（活動班の台数）
② 大型テレビ、HDMIケーブル、Lightning（iPadをHDMIケーブルから大型テレビにつなげる端子）またはAppleTV
③ 「Scratchで作曲をしよう」のショートカットページ

Scratchが使えれば、ノートパソコンやタブレットでもいい。

おすすめは①iPadだ。

さらに、子どもたちの作品を写し出せば、他の子どもたちの作品を見ることができ、情報の共有ができる。iPadの場合、②のように準備すれば、子どもだけでも写し出せるようになる。

また、ショートカットページを用意しておくと、子どもたちが操作を誤っても開きなおすことが容易だ。

基本的なことだが、教室で動き、音が出るのかも確認した方がいい。マナーモードや通信設定などの確認をしておけば、トラブルにあわず、スムーズに授業を進めることができる。

4　授業の流れ

　学習班にiPadを配り、「Scratchで作曲しよう」のページを開いた後、子どもたちに、次のように指示をする。

指示　このScratchで、曲を作ります。何かできたら持ってらっしゃい。

　使い方はあえて説明しない。とにかく触らせて、やらせてみる。ティンカリングという。自分たちで試行錯誤し、周りの子どもたちから情報を得て、使いこなすことができるようになる。しかも熱中する。

　子どもたちは相談しながら、iPadを操作していった。ときには他の班とも相談しながら、半音や休符の作り方も理解していった。しばらくして、子どもたちが作品を持ってきたら、次のように尋ねる。

指示　題名は何ですか。紹介があればしてください。

　初め、子どもたちはその場で考えた題名を言っていくばかりだが、2回、3回と繰り返していくと、自分たちで考えた題名を伝えてくる。

　子どもたちが作った作品に、ひたすら、心の底から驚いていけばいい。

　それだけで子どもたちは熱中し、どんどん自分たちで作品を作り上げていく。

　5年生であるから、教科書での学習活動に合わせ、伝統的な曲調や和音の作り方を教えれば、より学習的な音楽指導が可能だ。

　さらにプログラミング教育の観点でいえば、次のようにも伝えたい。

説明　今日はたくさんの曲を作りましたね。今日のように、自分たちが「作りたい」と思ったものを、順序立てて、作っていくことも「プログラミング」です。他の授業でも生かしていきましょう。

6　子どもの作品への対応

　端的に言えば、どんな作品が来ても、「驚き、ほめる」につきる。

① 全鳴らし・形にこだわる作品

　初めはとにかく触り、いじっている段階である。叱らずに、「そう」と温か

く認めるだけでいい。他の子たちの作品を見ながら、2回目、3回目と持ってくるときに、徐々に変化していく。

やんちゃな子の班では、右のような作品も出てきた。私は、「鍵盤ハーモニカで全部吹いている状態だな」と対応した。

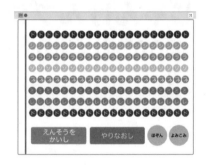

子どもたちはドッと笑った。鳴らしてみると、ひどい音になる。さらに笑った。

一見、ただの遊びにしか見えないが、音を重ねることによる不協和音、和音への入り口だとも考えられるだろう。

ある班は、右図の作品も持ってきた。題名は「えい語の形」である。とてもユニークな発想であり、五線譜だけではこのような作品は生まれない。これも、「面白い作品だね」と褒めるだけでいい。

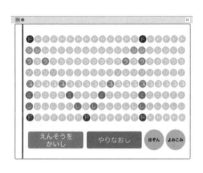

②　知っている曲を真似する作品

自分が好きな曲や知っている曲を、音符に表したい子もたくさんいるだろう。子どもたちは、学校で習った曲をどんどん作っていった。さらに、おせんべいのCMや歌謡曲など、聞き慣れたフレーズを再現している班もあった。これも、褒めているうち

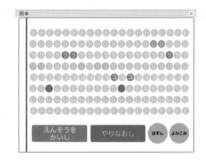

に、自分たちでアレンジしたり、似た形で曲を作ったりしてきた。

飽きるまで触れる体験をさせる。そうすることで、子どもの考えは昇華する。

【参考・引用URL】

「コドモとアプリ」「オルゴールで作曲しよう」

https://studio.beatnix.co.jp/kids-it/kids-programming/scratch/textbook-programming23/

（平野遼太）

じゃんけんプログラムを作ろう
「micro:bit」で始める楽しいプログラミング（基本編）

 POINT! C分類のプログラミングを体験する機会を多くとる

> micro:bitはパソコンを使います。フォルダ操作やマウス操作、組んだプログラムをmicro:bitに送ることなどは、子どもたちはすでにできるものとします。

　まずは実際に先生と子どもとでじゃんけんを数回程度行い、そのじゃんけんをmicro:bitにプログラムして行うことを話す。

　説明　今、手でやったじゃんけんを、今日はmicro:bitにプログラムして、micro:bitでじゃんけんをします。

　まず、組むプログラムの完成形を子どもたちに示す。

　発問　これが今日組んでもらうプログラムです。どんなプログラムですか。お隣さんにお話してごらん。

　Aボタン、Bボタン、A＋Bボタン同時押しを簡単に説明し、Aボタンにパーを作ることから始める。

　指示　ボタンはピンク「入力」の中にあります。「ボタンAが押されたとき」のブロックをドラッグして持ってきます。

　指示　LEDは水色「基本」の中にあります。「LED画面に表示」のブロックを同じようにドラッグして持ってきます。近づけると黄色い線が出て、そこで離すとカチッと音が鳴って、くっつきます。

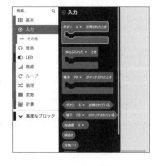

70

　光らせたいところをクリックしてLEDをパーの
ように光らせる。

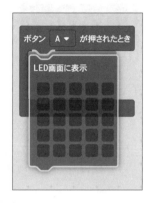

説明　これで、Aボタンを押すとパーが光るプロ
グラムができました。画面左のシュミレーターで、
本当に動くかやってみてごらん。

　同様にBボタンにチョキ、A＋Bボタン同時押し
にグーを作る。

発問　最初は何をしますか（「ボタ
ンAが押されたとき」のブロックをド
ラッグして持ってくる）。子どもから
出てこない場合は、教師が説明する。

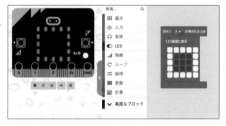

　Aボタン隣の小さな三角をクリック
して、Bボタンに変えさせる。

発問　次に何をしますか（光らせた
いLEDをクリックする）。これも、子
どもから出てこない場合は、教師が説
明する。
画面左のシュミレーターで本当に動く
かやってみてごらん。

　最後に、A+Bボタンのグーを作ら
せる。やることはこれまでとほとんど同じなので、子どもに「やってごらん」
とやらせてみる。教師は難しい子への個別指導を行う。

指示　シュミレーターで正しく動いたら、プログラムをmicro:bitに送りま
しょう。

　このようなプログラミング体験を数多く経験することにより、子どもたちは
よりスムーズにプログラムを組むことができたり、より高度なプログラミング
を組むことへとつながっていく。

（望月　健）

「電気の教材」と「micro:bit」でできる!
「micro:bit」で始める楽しいプログラミング（発展編）

 POINT! 「まねる」→「変える」→「作る」の3ステップで

micro:bitはパソコンを使います。フォルダ操作やマウス操作、組んだプログラムをmicro:bitに送ることなどは、子どもたちはすでにできるものとします。

micro:bitには赤外線による「人感センサー」の搭載がない。micro:bitで使用したい場合は、プログル6年理科電気キットが便利である。https://proguru.jp/science

プログル電気

【授業前に用意するもの】

①プログル「理科」の「今すぐプログラミングをする」「編集」から始める。
https://proguru.jp/science
micro:bitをつないであるパソコン、2〜3人に1台あるとよい。

②micro:bitとLED電球とをつないだもの。教師分と児童パソコン分。教師分はプログラムを入れておく。コードとLEDは、理科室に「電気の性質と働き」の教材がある。

発問 自動ドア、この前に立つと、開きますね。これはどうしてですか。

子ども数名に答えさせる。
「センサーにはいろいろあります」と右の画面を見せ、様々なセンサーを示す。
「このセンサーを電球につけることにしました」と、教師が事前に用意したmicro:bitにつないだ電球を見せる。プログラムとつなぎ方は右の通り。
明るいところではつかないが、手で隠すなどして暗くするとつくことを示す。

センサー
① 光 センサー
② 赤外線センサー
③ 紫外線センサー
④ 音 センサー
⑤ 温度 センサー
⑥ 湿度 センサー
⑦ 圧力 センサー
⑧ 速度 センサー

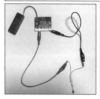

発問 どんなセンサーをつけたと思いますか。

　光センサーや明るさセンサーと子どもがつぶやく。

　プログラムの画面を見せて、どんなプログラムが組まれているかを考えさせる。

　意見発表の際にはどの意見も認めていく。子どもの意見を聞いたあと、簡単にプログラムの説明をする。

指示 同じようにプログラムを組んでみましょう。

　プログラムの画面を子どもたちに見せたまま同じプログラムをさせる。プログラムができたら、教師のものと同じに動くかを確かめさせる。

　ここまでが「まねる」段階。次は、少し変化をさせて「変える」段階。

発問 「暗い」ブロックを別ブロックに変えてみるとどうなると思いますか。

　「入力」タブ中の下にあるブロックに入れ替え、様々に試させる。その後、どうなったかを発表させる。

　最後は「作る」段階。自分たちで自由に考え、やってみる段階。

指示 今度は暗くしたら電球が点滅するように組んでみましょう。

　「点滅ってことは、スイッチONとスイッチOFFがずっと続くんだよね」と確認。「一時停止」を入れるヒントだけを与え、子どもたちに考えさせる。できたグループにプログラムを発表させる。

　身の回りにセンサーが使われているものを考えさせ、話す。

説明 私たちの身の回りはたくさんのセンサーが使われていますね。プログラミングの学習を通して皆さんが身の回りの仕組みがわかったり、道具により関心を持ったりできるといいですね。

（望月　健）

あったらいいなを形にしよう「METH」（基本編）

 POINT! STEAM教育を日本で推進するための第一歩は「プログラミング教育」

1 STEAM教育の定義

　文部科学省の「Society5.0に向けた人材育成に係る大臣懇談会」の資料の中では、次のように述べられている。

> 　思考の基盤となるSTEAM教育を、すべての生徒に学ばせる必要がある。こうした中で、より多くの優れたSTEAM人材の卵を産み出し、将来、世界を牽引する研究者の輩出とともに、幅広い分野で新しい価値を提供できる数多くの人材の輩出につなげていくことが求められる。

2 教材の必要性

　東北大学大学院情報科学研究科教授　堀田龍也氏は次のように述べている。

> 　プログラミング教育を行うための「朝顔栽培キット」のような教材が必要なのではないかと考えている。たとえば理科で取り上げている事例は電気です。実際に触れて働かせる、さらにパソコンにもつなげられる、といったような教材が発売されるのではないでしょうか。（新学習指導要領時代の間違えないプログラミング教育　堀田龍也氏論文引用）

　実際に触れて動かせる「モノ」が、様々なセンサーで情報を感知したり、受信した情報から音声や光を発したりする様子は、まさに「IoT: Internet of Things」を体験することができるからだ。

3 STEAM教育を日本で推進していくプログラム教材「ソニー MESH」

　MESHは、小さなブロック形状の電子タグで、それぞれライト／ボタン／

動きセンサー／照明センサーなどの様々な機能を持ち、無線（ブルートゥース）でMESHアプリとつながることができる。

　MESH（メッシュ）は「Make、Experience、SHare」の略であり、作り、体験し、共有するためのツールである。小さくても丈夫なモジュールをアプリでプログラミングすれば仕掛けに早変わりする。

4　MESHブロックの種類

　MESHブロックは様々な機能を持ち、無線でMESHアプリとつながることができる。何かにこのブロックを貼り付けたり、組み込んだり、組み合わせは無限大である。

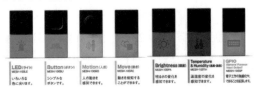

①LEDブロック　メールが来たことを光で通知したり、天気予報の結果を色で通知したりすることもできる。

②ボタンブロック　ボタンを押すと音を鳴らしたり、カメラで写真を撮ったりすることができる。

③人感ブロック　誰かが通ったのを検知したら音を鳴らしたり、写真を撮ったりすることができる。

④動きブロック　動きや揺れを検知し、その動きに対して効果音をつけたり、ぬいぐるみを揺らすと好きな言葉を話すようにしたりすることができる。

⑤明るさブロック　明るさの変化を検知し、明暗を利用して箱を開けたらメッセージを再生したりできる。

⑥温度・湿度ブロック　温度が下がって乾燥したらメールでお知らせしたり、外出先でも部屋の温度などをチェックしたりできる。

⑦GPIOブロック　電子工作の無線化やできることの拡張、例えば、ぬいぐるみにモーターをつけて走らせたり、電飾のコードのON/OFFを自在にコントロールできたりする。

【アプリ】

　右図のような画面上で、条件や動きを設定し、つなげていくことで作動する。

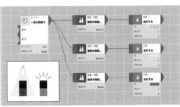

（許　鍾萬）

センサーの仕組みを体験する 「METH」（発展編）

 POINT! 「MESH」を使った子どもが熱中する授業

1 「MESH」が教師用しかない場合

商店街の夜の写真を提示する。

> 商店街の課題。街灯。誰もいないのにつきっぱなしです。
> あなたなら、どうしたいですか？

> （　）たら、（　）。（　）たら（　）。言葉を入れましょう。

ノートに書かせて、発表させる。

> （人が来）たら、（街灯がつく）。（人がいなくなっ）たら（街灯が消える）ですね。

答えはすぐに出る。

> これ、みんなでも作れそうですか？　先生は作ってみました。

「MESH」で作成したプログラミングで、実演する。

MESHのチュートリアル動画を見せる（https://meshprj.com/jp/education.html）。

> どんなことができそうですか？

家に着いたときに家族に知らせる、ゲームで失敗したときに音を鳴らす、などさまざま出るだろう。

　モノとモノが、ネットワークで組み合わせられ、思い通りに動きます。このような教材をIot教材といいます。このMESHを使って勉強していきます。

次のようなカードを用意した。
（「MESH」のHPを参考に作成）

　封筒の中かからカードを出しましょう。
　これは、MESHでできることをカードにしたものです。

　（　　）たら、（　　）。をできるだけたくさん作ってごらんなさい。

例：動きがあれば、点灯する。明るくなったら再生する。

　「観光まちづくりプログラミング」をします。
　みんなが今居る、兵庫県姫路市。
　有名なもの「おでん」「姫路城」先生は、こんなものを作ってみました。

　住んでいる地域の有名なものにする。この場合は、人が通過すると、ライトが光って、「ようこそ！　おでんとお城の姫路へ！」と音が鳴るものを作成した。

　「MESH」の機能を使って、姫路市を盛り上げるプログラミングをしたい。
　みんなだったら、どんな工夫ができそうですか？
　お隣近所でグループを作って相談します。

　このように、プログラミングやIotの技術を使って、観光まちづくりの未来を考えていきましょう。

（許 鍾萬）

そのまま使える研修用テキスト
「はじまる！ プログラミング教育」（教員向け）

（　　　　　　　　　） 小学校　　校内研修用テキスト

プログラミング的思考を育成する
「プログラミング教育」はじめの一歩

名前（　　　　　　　　　　）

プログラミング教育って、「プログラマー」を育てることだと思っていませんか？そうではなく、「プログラミング的思考」を育むのが目標なのです。

〈目次〉
Q1 「プログラミング教育」とは何ですか。
Q2 「プログラミング的思考」の育成に必要な条件は何ですか。
Q3 具体的に、どのような方法で教えればいいのですか。
Q4 教科の指導では、どのような指導事例があるのですか。

Q1 「プログラミング教育」とは何ですか。

①小中学校でのプログラミング教育は、何年から始まるのでしょうか。予想して右の四角の中に数字を書きましょう。 ☐ 年

②プログラミング教育は、どの公立学校でも必ずやらなければならないのでしょうか。それとも、やらなくてもいいのでしょうか。（　）の中に○をつけましょう。

（　　） どの公立学校でも、必ずやらなければならない。
（　　） どの公立学校でも、できればやったほうがいい。
（　　） 各学校ごとに判断できるので、やらなくてもいい。

③プログラミング教育を行わなければならない「法的な根拠」はあるのでしょうか。どちらか選んで（　）の中に○をつけましょう。

（　　） 「法的な根拠」は、ある　　　（　　） 「法的な根拠」は、ない

④「プログラミング教育」とは、どんな教育でしょうか。短く定義してみましょう。

-1-

■Q1の解説■

プログラミング教育は、公立学校で **2020年から必修化されました。**

平成28年4月19日、総理大臣官邸で第26回産業競争力会議が開催されました。会議の中で総理から次のような発表がありました。 「（前略）日本の若者には、第四次産業革命の時代を生き抜き、主導していってほしい。このため、初等中等教育からプログラミング教育を必修化します。一人一人の習熟度に合わせて学習を支援できるようITを徹底活用します。（後略）」

※ 首相官邸HPより文面を引用　http://www.kantei.go.jp/jp/97_abe/actions/201604/19sangyo_kyosoryoku_kaigi.html

2020年度から施行された、新学習指導要領に明記されています。

「総則」をはじめ、計5箇所に「プログラミング」という言葉が出てきます。

(3) 第2の2の(1)に示す情報活用能力の育成を図るため、各学校において、コンピュータや情報通信ネットワークなどの情報手段を活用するために必要な環境を整え、これらを適切に活用した学習活動の充実を図ること。また、各種の統計資料や新聞、視聴覚教材や教育機器などの教材・教具の適切な活用を図ること。

　　あわせて、各教科等の特質に応じて、次の学習活動を計画的に実施すること。

ア　児童がコンピュータで文字を入力するなどの学習の基盤として必要となる情報手段の基本的な操作を習得するための学習活動

イ　児童がプログラミングを体験しながら、コンピュータに意図した処理を行わせるために必要な論理的思考力を身に付けるための学習活動

文部科学省では「プログラミング教育」を、次のように定義しています。

※「平成28年6月28日　教育課程部会　教育課程企画特別部会　参考資料2」より引用

プログラミング教育とは

子供たちに、コンピュータに意図した処理を行うように指示することができるということを体験させながら、将来どのような職業に就くとしても、時代を超えて普遍的に求められる力としての「プログラミング的思考」などを育成するもの

プログラミング的思考とは

自分が意図する一連の活動を実現するために、どのような動きの組合せが必要であり、一つ一つの動きに対応した記号を、どのように組み合わせたらいいのか、記号の組合せをどのように改善していけば、より意図した活動に近づくのか、といったことを論理的に考えていく力

Q2 「プログラミング的思考」の育成に必要な条件は何ですか。

①「プログラミング教育」「プログラミング的思考」などの定義は、教育課程企画特別部会の
議論の中で出てきました。議論の中心は「2030年の社会と子供たちの未来」でした。

あと10〜20年で消えそうな仕事と消える確率

レジ係	コック	受付	弁護士助手
フロント係	ウェイター	タクシー運転手	ガードマン
漁師	散髪屋さん	皿洗い	バーテンダー

「あと10〜20年で消えそうな仕事と消える確率」という資料です。
この中で、一番消えそうな仕事がどれですか。仕事の名前と理由を簡単に書きましょう。

一番消えそうな仕事は（　　　　）です。

なぜなら、
_____

「あと10〜20年で消えそうな仕事と消える確率」
という資料は、さまざまな研究者が予測しています。
この先、十数年でコンピュータの性能は一気にあがり
多くの仕事はコンピュータがすると予測しています。

-3-

■Q２−①の解説■

コンピュータやロボットに仕事が奪われる可能性があります。

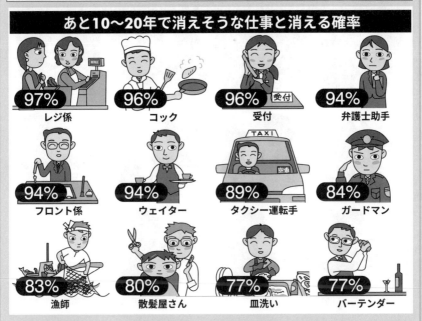

あと10〜20年で消えそうな仕事と消える確率

97% レジ係	96% コック	96% 受付	94% 弁護士助手
94% フロント係	94% ウェイター	89% タクシー運転手	84% ガードマン
83% 漁師	80% 散髪屋さん	77% 皿洗い	77% バーテンダー

「子供たちの65％は将来、今は存在していない職業に就く」という予測(キャシー・デビッドソン教授)や、「今後10年~20年程度で、半数近くの仕事が自動化される可能性が高い」という予測(マイケル・オズボーン教授)などがあります。

また、「2045年には人工知能（AI）が人類を越える『シンギュラリティ』に到達する」という指摘もあります。

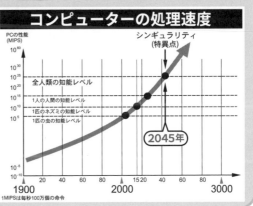

コンピューターの処理速度

PCの性能
(MIPS)

シンギュラリティ
(特異点)

全人類の知能レベル
1人の人間の知能レベル
1匹のネズミの知能レベル
1匹の虫の知能レベル

2045年

1MIPSは毎秒100万個の命令

-4-

②「あと10〜20年では『消えそうにない仕事』」という資料です。下の資料のシルエットは
それぞれどんな職業でしょうか。番号ごとに、仕事の名前を予想してみましょう。

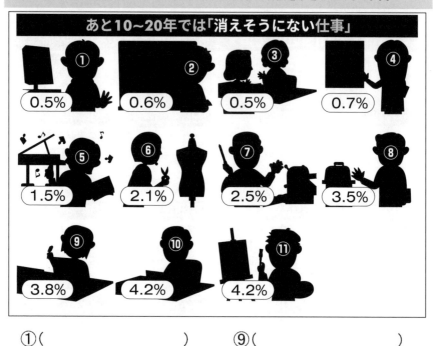

①（　　　　　　　　　　）　　⑨（　　　　　　　　　　　　）
②（　　　　　　　　　　）　　⑩（　　　　　　　　　　　　）
③（　　　　　　　　　　）　　⑪（　　　　　　　　　　　　）
④（　　　　　　　　　　）
⑤（　　　　　　　　　　）
⑥（　　　　　　　　　　）
⑦（　　　　　　　　　　）
⑧（　　　　　　　　　　）

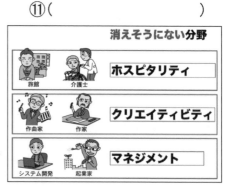

「消えそうにない分野」の仕事には、
共通する特徴があり3つのキーワードで
まとめることができます。

第一に「ホスピタリティ」　第二に「クリエイティビティ」　第三に「マネジメント」です。

■Q2－②の解説■

AI（人工知能）が発達しても、奪われない仕事もあります。

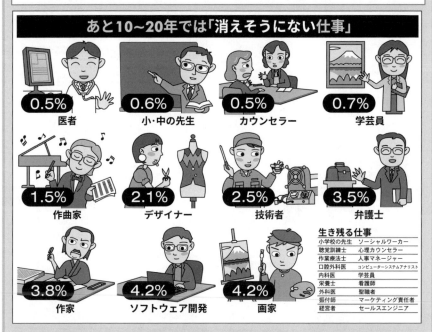

あと10～20年では「消えそうにない仕事」

0.5% 医者	0.6% 小・中の先生	0.5% カウンセラー	0.7% 学芸員
1.5% 作曲家	2.1% デザイナー	2.5% 技術者	3.5% 弁護士
3.8% 作家	4.2% ソフトウェア開発	4.2% 画家	

生き残る仕事

小学校の先生	ソーシャルワーカー
聴覚訓練士	心理カウンセラー
作業療法士	人事マネージャー
口腔外科医	コンピューターシステムアナリスト
内科医	学芸員
栄養士	看護師
外科医	聖職者
振付師	マーケティング責任者
経営者	セールスエンジニア

現在の子供たちが生きていく「2030年の未来」は、まさにAI（人工知能）が発達した新しい社会です。「第四次産業革命」の時代と言われており、社会全体の仕組みが大きく変わると多くの研究者が予測しています。コンピュータが高度に発展した社会で、人工知能に仕事を奪われることなく「人工知能とうまくつきあえる、使いこなせる」ために必要な能力が<u>プログラミング的思考</u>です。それを育成する教育が「プログラミング教育」です。パソコンスキルを教えるというものではありません。

基本技術 を取り入れた国が世界をリードする

汎用目的技術
General Purpose Technology

シンギュラリティは象徴としてのキーワードであり、いずれにせよ今後10～20年で巨大な変化が起こる。30年程度の間には、子供たちの生きていく環境は、全く変わったものとなる。そのひとつがプログラミング学習。

産業革命	時期	技術（GPT）	変化	リード国
第1次	18世紀	蒸気機関	肉体労働を代替	🇬🇧
第2次	19世紀	ディーゼル機関	肉体労働を代替	🇺🇸
第3次	20世紀	インターネット情報	知識労働を代替	🇺🇸
第4次	21世紀	汎用人工知能	知識労働を代替	 ?

第Ⅳ章　5・6年　「コンピュータを使う」プログラミング授業づくり

Q3　具体的に、どのような方法で教えればいいのですか。

「プログラミング的思考」を育成するのに、わかりやすいのが「ビジュアルプログラミング言語ツール」とセットにして教える方法です。紹介しているものは、どれも無料で使えます。

Q4　教科の指導では、どのような指導事例があるのですか。

文部科学省の資料には、各教科でのプログラミング教育の実施例がいくつか提案されています。

【小学校段階におけるプログラミング教育の実施例】

総合的な学習の時間	自分の暮らしとプログラミングとの関係を考え、そのよさに気付く学び	音楽	創作用のICTツールを活用しながら、音の長さや高さの組合せなどを試行錯誤し、音楽をつくる学び
理科	電気製品にはプログラムが活用され条件に応じて動作していることに気付く学び	図画工作	表現しているものを、プログラミングを通じて動かすことにより、新たな発想や構想を生み出す学び
算数	図の作成において、プログラミング的思考と数学的な思考の関係やよさに気付く学び	特別活動	クラブ活動において実施

■Q４の解説■

(1) 必ずしもパソコンを使ってプログラミング教育を始めるとは限りません。

「ビジュアルプログラミング言語」を使うのが分かりやすいですが、導入段階ではパソコンを使わずに教えるタイプの実践もあります。例えば、算数で「筆算のアルゴリズム」や「2進数、10進数」などを教えるのもプログラミング的思考を育てることにつながります。教科や学年にあわせた実践が研究されています。プログラミング教育には、次のような種類があります。

①アンプラグド・プログラミング：パソコン等を使わない授業タイプ。
②ビジュアル・プログラミング：パソコン等を使い、視覚的にわかりやすいコンテンツで プログラミングを体験する授業タイプ。
③フィジカル・プログラミング：ビジュアル・プログラミングなどを使って、実際に身近にあるものを思った通りに動かしてみる授業タイプ。

多くの場合、アンプラグド → ビジュアル → フィジカルと進むほうが分かりやすいです。
可能ならば、小学校低学年の段階で「アンプラグド・プログラミング」を体験する。
それを踏まえて、小学校中学年の段階で「ビジュアル・プログラミング」を体験する。
さらに、小学校高学年の段階で「フィジカル・プログラミング」を体験する。
今まで学んできたプログラミングを使って、目の前にあるものを「思った通りに動かせた」という体験。
これによって、便利な世の中の「見方・考え方」が変わります。

(2) 身近な事例を取り上げることで、理解がより一層深まります。

自動販売機やロボット掃除機など、身近な生活の中でもコンピュータとプログラミングの働きの恩恵を受けている事例が数多くあります。これらの便利な機械が「魔法の箱」ではなく、プログラミングを通じて人間の意図した処理を行わせることができるものであることを楽しく授業していくことが大切です。

(3)「チャート図」などを取り上げることも指導に有効です。

どのようなプログラムで動いているのか全体像を考えるために「チャート図」を使うという方法があります。チャート図は書き方が世界共通です。スタート・ゴール・順次処理・分岐処理などを記号でシンプルに表現できるのが「チャート図」です。子どもたちにチャート図の書き方を教えた後、仕組みをチャート図で書き検討するという授業は、まさにプログラミング的思考を育成します。

本日の研修の感想

V マル特情報「アンプラグド型」プログラミング授業づくり

算数でプログラミング的思考力を高めるポイント

 「アルゴリズム」を教え、手順通りに解かせる

算数でプログラミング的思考を高めるポイントは、「アルゴリズムを教える」ことだ。「アルゴリズムを教える」とは、「手順通りやれば解けると気づかせる」指導のことである。「分解」し、「反復」すれば解けるというプロセスを踏むことで、プログラミング的な思考パターンを培うことができる。

平成28年度に出された文部科学省の文章、「小学校段階におけるプログラミング教育の在り方について（議論の取りまとめ）」に次のようにある。

> 小学校で筆算を学習するということは、計算の手続を一つ一つのステップに分解し、記憶し反復し、それぞれの過程を確実にこなしていくということであり、これは、プログラミングの一つ一つの要素に対応する。

筆算指導の流れを、文部科学省の文章に対応させる。

> ① 一つ一つのステップに分解し
>   → 「たてる→かける→うつす→ひく→おろす」という手順に分ける。
>
> ② 記憶し反復し
>   → 上の手順を覚えて、同じ流れで解く。
>
> ③ それぞれの過程を確実にこなしていく
>   → 一つ一つ習った通りに、正確に取り組む。

この流れを、リズムテンポよく、にこやかに展開していくことが大切である。

例えば、72÷3の筆算の場合。教師が発問し、児童に次の流れで答えさせていく。

(1) 「まず何をしますか？」→「たてます」

(2) 「何をたてますか？」→「2をたてます」

(3) 「次に何をしますか？」→「かけます」

(4) 「何と何をかけますか？」→「3と2をかけます」

(5) 「次に何をしますか？」→「うつします」

(6) 「何をうつしますか？」→「(7の下に) 6をうつします」

(7) 「次に何をしますか？」→「ひきます」

(8) 「何から何を引きますか？」→「7から6をひきます」

(9) 「次に何をしますか？」→「おろします」

(10) 「何をおろしますか？」→「2をおろします」

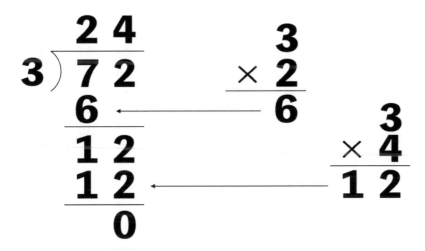

　ここから再び、(1)に戻る。そして、(1)〜(10)をくり返し、確実に正答を導く。これが「アルゴリズムを教える」ということだ。

　この指導は、作図の単元にも生かせる。例えば、5年生・正多角形の作図、6年生・拡大図と縮図の作図。手順通りに解かせ、確実に正答を導く。この流れを丁寧に指導していくことが、プログラミング的思考を高めることにつながる。

（水本和希）

プログラミング的思考で 「割合」 文章問題を攻略していく

POINT! 子ども自身の力でできるようにする

　山口県の河田孝文氏は、文章問題解決の手順もプログラミングであると 2018 年の TOSS サマーセミナーで提案されている。

1　文章問題解決の手順もプログラミングである

　問題を解く手順を細分化し、整理して、活用すれば、解くことに慣れてくる。慣れてしまえば、問題文を基に図を起こし、そこから立式して、答えを導くことができるようになる。文章題を解く手順もアルゴリズムである。そして、分岐点がある。計算スキルとほぼ同じである。
　文章題解法スキルも、アルゴリズムの組み合わせでプログラミングができるのである。　　　　　　【2018年サマーセミナー冊子　河田孝文氏論文】

　大切なことはただ解かせるのではなく、教師がプログラミング的な思考を付ける授業として意識的にやるかどうかである。その際、大切にしたいのが文章題の解決過程を子ども自身の力で突破できるようにすることである。

(1)　数量関係の情報を読み取る
(2)　関係を明確にする
(3)　解決方法を立案する
(4)　解決する

以上の4つの過程を意識した授業を5年生『割合』で提案する。

2　5年生『割合』の実践例

　高学年の文章題の多くに割合の問題が出てくる。新学習指導要領でも、改訂のポイントの1つとして「割合」が取り上げられている。子どもたちにとって理解しづらい「割合」だからこそ、4つの過程を「数直線面積図」を用いて突破させたい。

　小学校で、クラブの希望調査をしました。
　サッカークラブの定員は40人、希望者は20人でした。
　サッカークラブの希望者は定員の何倍ですか？

① 　問題文を短くして写します。
　　【サッカー】
　　希望者は定員の何倍
② 　まず、何をしますか？　→（何倍を□で囲む）
③ 　次に、何をしますか？　→（何倍の前にくっついている「の」に○をつける）
④ 　次に、何をしますか？　→（「の」がくっついている言葉に線を引く）
⑤ 　次に、何をしますか？
　 →（線の下に「1」と書く）
⑥ 　次に、何をしますか？
　 →（定員の上に「20」と書く）
⑦ 　次に、何をしますか？
　 →（希望者に線を引く）
⑧ 　次に、何をしますか？
　 → （希望者の上に「40」と書く）

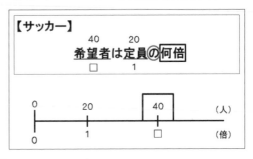

⑨ 　次に、何をしますか？　→ （希望者の下に□を書く）
⑩ 　数直線を書きます。　※この書き方は別途必要。
⑪ 　次に、何をしますか？　→（数直線の「40」を長方形で囲む）
⑫ 　次に、何をしますか？　→ （式を書く）

※長方形の中がわからないとき
（中が□のとき）は、長方形の面積と同じで求める。
田＝外×外で求められる。

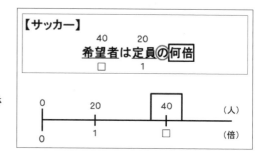

※長方形の外がわからないとき
（外が□のとき）は、
囚＝中÷外で求められる。

公式としては、『割合＝くらべる量＝もとにする量』となっている。しかし、数量関係の情報を読み取ること、解決方法の立案（立式）することを考えると、文章題を読んだだけではなかなか難しい。

そこで、2つのツールを使う。1つが数量関係を読み取るツールの数直線。もう1つが解決方法を立案するツールの面積図である。

これら2つを合わせて『数直線面積図』として活用することで、割合の単元を攻略できる。

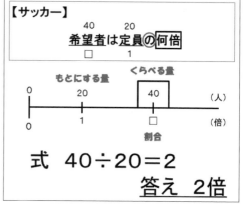

もちろん数直線面積図を描く作業には慣れが必要だが、慣れてくると、教師は『次に何をしますか？』と問うだけで、子どもたちが手順に沿って問題を解くことができる。

つまり、アルゴリズムの基本型を教えておくだけで、プログラミングを組んだように手順に沿って解く力を子どもたちが身につけていく。

先ほど示した授業のアルゴリズムをフローチャート化したものが右のものである。

3 割合の授業のフローチャート

◆問題
小学校で、クラブの希望調査をしました。サッカークラブの定員は４０人、希望者は２０人でした。
サッカークラブの希望者は定員の何倍ですか？

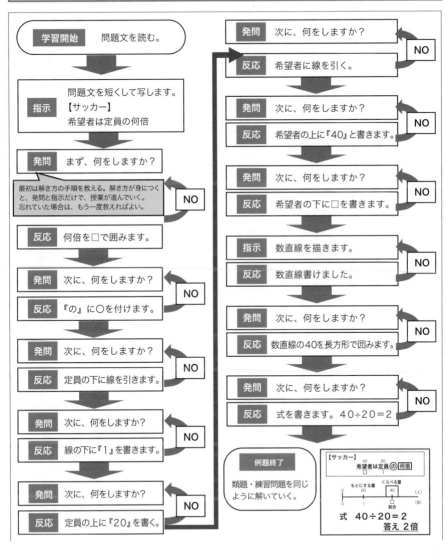

（山崎克洋）

「教科書の情報を読み取る」

 フローチャートで「情報」をつかまえられる力を育てる

　教科書は情報のまとまりだ。そのまとまりの中から、情報を選択し、読み取る「手順」を子どもたちに身につけさせる。「手順」であるから「プログラム」と同じである。学習を通して、子どもたちが自分自身に「手順」をプログラミングしていくのである。

1　情報をつかまえられる

　向山洋一氏の社会科実践に「グラフの読み取り」がある。「グラフの読み取り」について向山氏は次のように書かれている。

> なぜ、グラフを読む能力が必要なのでしょうか。それは、グラフには情報が詰まっているからです。情報をつかまえられることが必要になるわけです。　　　　　『向山式「勉強のコツ」がよくわかる本』（PHP文庫）

　教科書を活用することも、全く同じである。教科書という情報が詰まったものから、自分が必要な情報をつかまえられることが必要なのだ。

2　俯瞰的にとらえる

　そのために、どのような練習が必要なのか。

> 　教科書の見開きページから、大まかな内容を俯瞰的にとらえる練習が効果的である。

　教科書の見開きページから、学習問題、写真、グラフ、絵、表などの資料を大まかにとらえ、重要語句を見つけるなどの作業をさせるのだ。

3　フローチャートシート

　社会科教科書のどのページでも対応できる練習メニューシートを作成した。シートを印刷し配付する。

指示　〇ページを開きなさい。スタートからゴールまで進めていきなさい。

　教科書のページを特定し、あとはフローチャートに沿って学習を進めていけばよい。早くゴールした子には、学習問題の答えを黒板に書かせていって、全体で交流することも可能だ。教科書の情報をつかまえる力を子どもたちに育てることは、教科書活用につながる（右QRコードからシートをダウンロードできる）。

4　「1枚の写真の読み取り」フローチャート

　社会科の教科書には、様々な資料が載っている。それらの資料のうち写真は、全体の約51％を占める。写真の読み取りの手順を身につけることも、教科書から情報をつかまえる力の育成につながる。

　写真の情報を読み取るフローチャートを作成した。この手順に沿って読み取っていけば、手順を身につけることができる。

　このフローチャートは向山洋一氏が1990年に発表した「雪小モデル」を、追試している。

5　フローチャートを使えばプログラミング教育になるのか

　本実践は、コンピュータを使わない「アンプラグド」の実践である。この実践では「プログラミング」という言葉は、ほとんど出てこない。手順をフローチャートで提示しただけである。この実践だけで、プログラミング的な思考を育成することはできないだろう。しかし、このような実践を積み重ねた後に、コンピュータを使ったプログラミングの授業を行うと、子どもたちから「社会科でやったフローチャートみたいだね」という声が上がる。このような状態になって初めて、今回のようなアンプラグドの実践に、プログラミング教育としての価値が生まれるのである。アンプラグドは、その先に、コンピュータを使うプログラミング教育があってこそ、その効果を発揮するのだ。　　　（塩谷直大）

（社会科・高学年）教科書の情報をつかまえようフローチャート

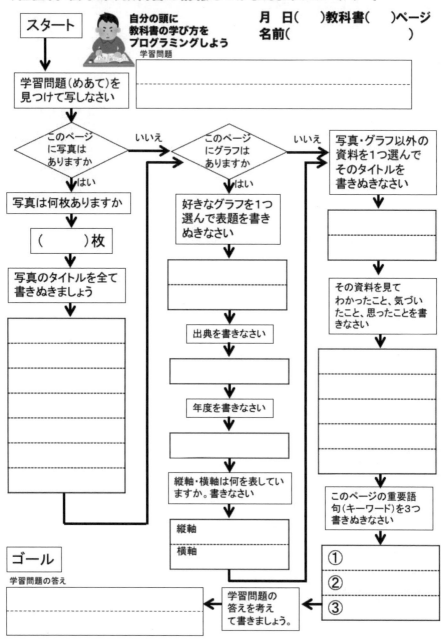

自分の頭に
教科書の学び方を
プログラミングしよう

月　日(　　)教科書(　　)ページ
名前(　　　　　　　　　　　)

スタート

学習問題（めあて）を見つけて写しなさい

学習問題

このページに写真はありますか　→　いいえ

このページにグラフはありますか　→　いいえ

写真・グラフ以外の資料を1つ選んでそのタイトルを書きぬきなさい

はい

写真は何枚ありますか

（　　　）枚

写真のタイトルを全て書きぬきましょう

はい

好きなグラフを1つ選んで表題を書きぬきなさい

その資料を見てわかったこと、気づいたこと、思ったことを書きなさい

出典を書きなさい

年度を書きなさい

縦軸・横軸は何を表していますか。書きなさい

縦軸

横軸

このページの重要語句（キーワード）を3つ書きぬきなさい

①
②
③

ゴール

学習問題の答え

学習問題の答えを考えて書きましょう。

（社会科・高学年）写真の情報をつかまえようフローチャート

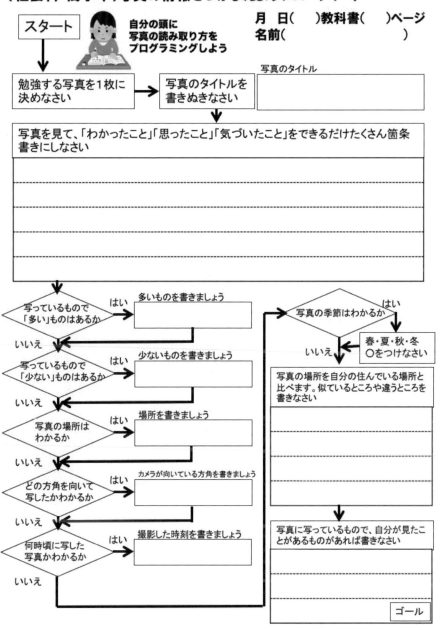

スタート

自分の頭に
写真の読み取り方を
プログラミングしよう

月　日（　　）教科書（　　）ページ
名前（　　　　　　　　　）

勉強する写真を1枚に決めなさい → 写真のタイトルを書きぬきなさい

写真のタイトル

写真を見て、「わかったこと」「思ったこと」「気づいたこと」をできるだけたくさん箇条書きにしなさい

写っているもので「多い」ものはあるか　はい → 多いものを書きましょう
いいえ

写っているもので「少ない」ものはあるか　はい → 少ないものを書きましょう
いいえ

写真の場所はわかるか　はい → 場所を書きましょう
いいえ

どの方角を向いて写したかわかるか　はい → カメラが向いている方角を書きましょう
いいえ

何時頃に写した写真かわかるか　はい → 撮影した時刻を書きましょう
いいえ

写真の季節はわかるか　はい → 春・夏・秋・冬 ○をつけなさい
いいえ

写真の場所を自分の住んでいる場所と比べます。似ているところや違うところを書きなさい

写真に写っているもので、自分が見たことがあるものがあれば書きなさい

ゴール

「正多角形の作図」

👆POINT! 黒板から始めよう！「プログル」

　5年生の「正多角形と作図」の単元末にプログラミング的思考を育成する授業を行った。コンピュータを使わないアンプラグドから「プログル」というビジュアルプログラミングツールを使って授業を組み立てた。

1　黒板とチョークでアンプラグド

　授業開始前に黒板に1辺が100cmの正方形を書いておく。色画用紙で作った「矢印くん」を黒板に貼る。子どもたちはニコニコしながら「何が始まるのか？」という顔で見ている。写真のように、正方形の右下の頂点に矢印くんを貼りつけて発問する。

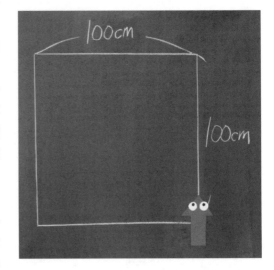

　発問　矢印くんに命令を出して、正方形の直線の上を進ませます。どんな命令を出したらいいですか？　お隣さんに言いなさい。

　列指名で発表させる。「前に進め」「まっすぐ進め」「線をたどれ」「曲がれ」などの意見が出される。どれも共感的に受け止めて、褒める。プログラミングの教育でも、授業の基本は他の授業と同じだ。その後に次のように言う。

　説明　どれもいい意見ですが、今日はこの3つの命令を使ってもらいます。
　黒板に次の3つを書く。

> 実行ボタン　　　　100cm前に進め　　　（　　）度左を向け

（　　）の中には好きな数字を入れてよいことを伝える。

指示　最初は実行ボタンを使います。ノートに先生と同じように写しなさい。

　命令を書かせ、その下に矢印を引かせる。命令の流れを表現させる。

発問　まず何をさせますか。

「100cm前に進め」である。同じように書かせる。子どもたちがノートに書いた命令通りに矢印くんを黒板で動かして見せる。

発問　次に何をさせますか。

「(90)度左を向け」である。同じようにノートに書かせ、黒板の矢印くんを動かしてやる。

指示　このあとはどのように命令を出していけばいいですか。続きを書いて先生に見せに来なさい。

　持ってきたノートに丸をつけて、速くできた子には板書させる。

　子どもたちのノートには右のような命令の流れが書かれる。

　命令通りに矢印くんを動かしてみせる。

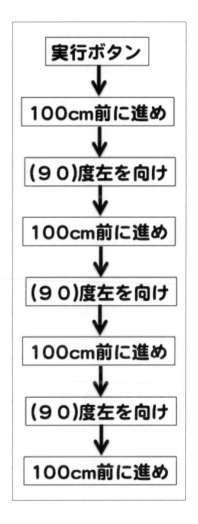

説明　このような命令の流れを表現したものを「フローチャート」といいます。

2　正三角形の命令を考えさせる

次に写真のように正三角形を板書して発問する。

発問　正三角形の場合はどのような命令の流れになりますか。

ここで多くの子が間違えるのが

> (60) 度左を向け

と命令を出してしまうことだ。そこで子どもたちに命令を書かせる作業に入る前に教師が黒板でやって、わざと間違えてみせる。

「先生は60度にしてやってみるよ」といい、矢印くんを動かしてみせる。すると矢印くんは直線からはみ出してしまうのだ。子どもたちはここで気がつく。

「そうか！　60度じゃダメなんだ！」

この「**教師が間違えてやって見せる**」活動から「180度－60度＝120度」となる。

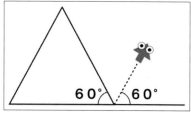

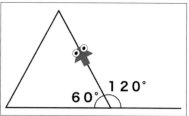

> 命令は（120)度左を向けでなくてはならない

ことに気がつかせることができた。

　この考え方を使って、今度は正五角形の命令を考えさせる。正五角形の1つの角は108度であるが、108度左を向けではうまく進まない。「180度－108度＝72度」だから「(72)度左を向け」という命令を考えることができていた。

　ここまでは、コンピュータを使わない「アンプラグド」というプログラミング教育だ。ここで終わってはいけない。アンプラグドで身につけた「考え方」をコンピュータ上で活用させるのだ。

3 ビジュアルプログラミング「プログル」に挑戦させる

上のような授業を行ったあとに、子どもたちをパソコン室へ連れて行った。

> 「プログル」(https://proguru.jp)

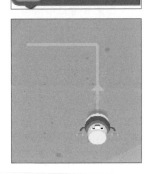

という無料で使えるプログラミングツールの「多角形コース」にアクセスさせる。黒板でやっていた学習を、今度はパソコン画面で行うことができる。

ノートに書いていたフローチャートと同じように命令ブロックを組み立てていけば、自力で課題をクリアできる。

子どもたちは楽しそうに画面上で、様々な正多角形を作図することができた。

プログラミング教育で大切な考え方である「反復」(繰り返し)の命令も、使えるようになっていた。

プログルは NPO 法人みんなのコードが開発した優れたプログラミングツールだ。

優れたツールだからこそ、その素晴らしさをより引き出せるよう、教師は工夫していくといい。

今回のように、事前にアンプラグドで、考え方を教えることで、算数が苦手な子でも楽しくプログラミングに挑戦できるようになる。プログラミング教育でも指導法の工夫は大切だと実感した。

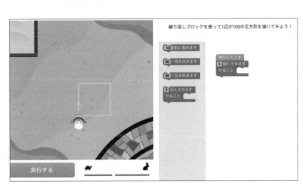

(塩谷直大)

理科的発問と検証の積み重ねで
プログラミング的思考を伸ばす

センサーの働きを考える

1 スイッチのオン・オフからセンサーに気づかせる

> 教室の照明は、人がスイッチを押してつけたり消したりしているね。スイッチを押さなくても、照明がついたり消えたりするのを知っている人？

挙手させて、1人発表させる。

【例】公民館のトイレは入るとひとりでに電気がつきました。

発表を参考に、ほかの場面での体験をノートに書かせる。書いたあと、班の中で紹介し合い、似た例をまとめて発表させる。

【例】人が近づくとついて、いなくなると消える照明。
暗くなるとついて、明るくなると消える照明。

【実験】
暗くなると点灯するセンサーライトで実験してみせる。

> このような仕組みがあると、どんなよいことがあるだろう？

【例】照明がつけっぱなしにならないから節電になる。
いちいち人がスイッチを押さなくよいから便利。

> 人がスイッチを押さなくても、自動で働く仕組みはほかにどんなのがあるかな？

トイレで手を洗ったあとに使う乾燥機は、手を入れると自動で風が出る。

自動ドアは人が近づくと開く。

石油ファンヒーターやエアコンの暖房は設定温度より高くなると自動で止まる。温度が下がると自動で動き始める。

「電気の利用」の単元では、センサーなどを使ってエネルギーを効率よく利用している道具に気づかせることがねらいの1つである。

> 暗くなると照明がついて、明るくなると消えるのは、明るさを感じる部品があるからです。こういう部品をセンサーといいます。
>
> みんなが発表した機械には、どんなセンサーがあるのかな？

【例】　人や手が近づいたり、離れたりするのを感じるセンサー。

　　　　温度を感じるセンサー。

> 身のまわりにあるセンサーを探してみよう。

天井の照明（人感センサー）

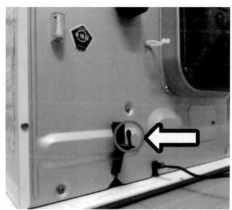

道路の街灯（光センサー）　　　石油ファンヒーター（温度センサー）

　写真を参考に身の回りのセンサーを探すように指示し、次時に発表させる。

　それらのセンサーにより、機械がどのようなプログラムで動作しているか、マイクロビット等の教材で実験するとよい（本稿では省略）。

2　センサーを使った実験（発展）

①　温度センサー（サーミスタ）で実験

　温度センサーとして用いられているサーミスタを豆電球と直列につなぐ。お湯に入れると豆電球が明るく光り、氷水に入れると暗くなる。

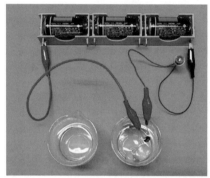

お湯に入れたとき

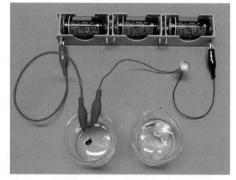

氷水に入れたとき

　　※写真で使っているのはＮＴＣサーミスタ（10D-9）と2.5Ｖ用豆電球。サーミスタはアマゾンで購入

②　光センサー（CdS）で実験

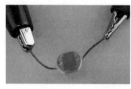

　光センサーとして用いられているCdSを電子オルゴールと直列につなぐ。

　CdSを手で覆って暗くすると、音が小さくなる。

　　※CdSは千石電商で購入できる。GL5516（CdS

　　　セル 0.5MΩ〈5φ〉）、明抵抗：5〜10kΩ

　　　（10Lux時）、暗抵抗：0.5MΩ

100円ショップのセンサーライトにも、CdSがついていることがわかる。

③　LEDに光を当てる実験

　LED（発光ダイオード）は電気で光る。エネルギー変換の視点でみると、LEDは電気エネルギーを光エネルギーに変えている。LEDに光を当てると反対の変換が起こり、電気が起こる。

　写真は強力なLEDライトを使っているが、スマートフォンのLEDライトなどでも確かめられる。

　LEDは光センサーになる。マイクロビットではLED表示部分が、光センサーとしても使われている。

　※写真の電圧計はナリカのプチメーター

④　人感センサーライトで実験

　ネットやホームセンターで探すと、さまざまな人感センサーライトがある。写真は、カインズのLED人感センサーライト。値段が安く、電池式なので児童が簡単に扱える。

　左上にある光センサーを黒いビニルテープなどで覆い、手を近づけたりすると中央のLEDが点灯する。

　人感センサーは赤外線の変化を感知する。動かずに止まっていたり、まわりの温度が体温と同じ程度だったりすると反応しない。　　　　　（小森栄治）

「作文指導の工夫」 作文を書く手順をインプット！ 実践例

 POINT! **1年生作文指導は「かんたん・くわしく・きもち」でクリア**

1 「教科書をまねしてごらん」では書けない

1年生1学期末に「えにっきをかこう」という単元がある。教科書には、わずか2～3文の短い絵日記があるだけだ。簡単なことのように思えた。

子どもたちに「まねして書いてごらん」と言ったが、すぐに書けたのは半数の子だけだった。「どう書けばいいんですか？」「わからない……」と手が止まったままの子も多かった。指導法の工夫がもっと必要だったのだと反省した。

一体、絵日記というのはどういう構成になっているのか。教科書や夏休みスキルなどに載っている例文を読み比べた。1文目は「概要」、2文目は「くわしく」書き、3文目は「気持ち」などを書けばよさそうなことがわかった。

そこで子どもたちには次のように話した。

説明 絵日記の書き方はとっても簡単です。最初に「かんたん」に書いて、次に「くわしく」書いて、最後に「きもち」を書いたら終わりです。

指示 みんなで言ってごらん。「かんたん・くわしく・きもち」。

各パーツを短いフレーズでまとめたので、子どもたちもすぐに覚えられた。

2 教科書の文章を付箋（TOSSメモ）に書き写す

教科書の絵日記を読ませた後、子どもたちに聞いた。
「『かんたん』に言うと何をしたの？」
「きょう、ぼくは、すいぞくかんへいきました」
「『くわしく』言うと？」
「きれいないろのさかながたくさんおよいでいました」
「どんな『きもち』でしたか？」

「みんなきもちよさそうでした」

「こんなふうに書けばできますね。今からみんなにメモを3枚渡します」

　そう言って付箋紙のピンクを2枚、白を1枚渡した。

　写真のように「かんたん」「きもち」はピンクの付箋に、「くわしく」は白の付箋に写させる。

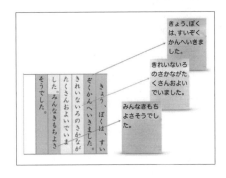

　私が使ったのは「TOSSメモ」という付箋紙である（東京教育技術研究所で購入可）。薄いマス目があるので1年生でも字を整えて書くことができる。

指示　1枚目の「かんたん」が書けたら持ってきなさい。

　最初の1枚目でチェックし、できた子は残りの2枚も写させるとよい。

指示　3枚をつなげて読んでみよう。

　子どもたちに「かんたん」「くわしく」「きもち」の順番に読ませる。

　これで完成である。

発問　この作文をくわしくします。どんなことを書けばいいですか？

　もう1枚、白の付箋を追加し、そこに何を書くのか考えさせた。例えば「さめもおよいでいました」「おおきなさかなもいました」などでよい。

　このように具体的なイメージ、操作を伴うことで「くわしくする」ということがどういうことかがわかる。

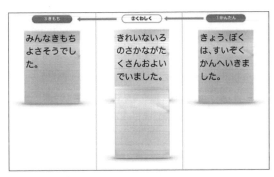

3　共通テーマで書かせる

次は、生活科で行った「虫取り」について書かせていくことにした。

発問　まずは「かんたん」です。簡単に言って「誰が」「何をした」のですか。

子どもたちを1人ずつ指名して言わせていった。

「ぼくはバッタをつかまえました。」

「ぼくはダンゴムシを見つけました。」

次々発表させ、間違っている子にはその場で教えていった。これをくり返すことで、どの子にも最初の1文のイメージができる。

「今、自分が言ったことをこのピンクのメモに書いてごらん」

「できたら先生のところに持っておいで」

1年生は誤字も多い。間違っていれば赤鉛筆でうすく書き直して教えた。

同様に「くわしく」「きもち」も書かせていけばよい。

発問　もっとくわしくできそうな人？　すごいなぁ。

その人には白いメモをあげます。取りに来なさい。

取りに来た子には「何て書くの？」と聞き、その度に「いいねぇ！」「すごいなぁ！」とほめてやることが大切である。

すると「もう1枚書いてもいいですか？」と聞く子が必ずいる。その子たちにはどんどん白の付箋を渡していく。

メモとメモをつなげると長くなるので、子どもたちはとても喜ぶ（写真）。視覚的にも「くわしく」したことがわかるのが付箋を日記指導に使う良さである。

4　付箋なら1年生でも推敲できる

慣れてきたら手放しでも書けるようになる。

　最初はピンク2枚、白1枚だけを渡しておき、書かせていくとよい。希望する子には白をどんどん書かせていくのである。時には条件をつけてもよい。

条件　白のメモを5枚以上使いなさい。

　長く書きなさいと言うよりも具体的であり、効果的である。

　1年生だと書きたいことが最初と最後で変わってしまっていることがある。そんなときには次のように言うとよい。

指示　白を手で隠しなさい。ピンクだけをつなげて読んでごらん。

　「きょう、ばったをつかまえました。とんぼがにげたけど、もどってきてよかったです」

　読んでみれば、皆、おかしいのはわかる。バッタの話だったのにトンボに変わってしまっているからだ。

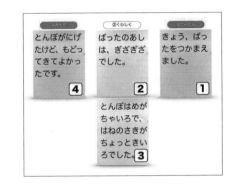

発問　どこを直せばよいですか？

　実際に1年生に聞いたところ、いろいろな意見が出た。

　例えば、「3番のメモを取り、4番をバッタの話に変える」というようにである。この1年生の頭の中をフローチャートにすると次のようになる。

　1年生にこの図を見せることはしないが、教師が知っておくことは大切である。

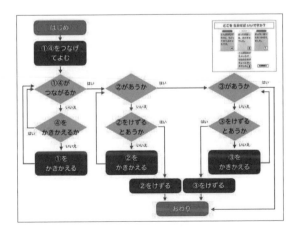

（太田政男）

「じゃんけんやさん」をひらこう 実践例

 POINT! **スモールステップで身につく、じゃんけんのプログラミング**

1　ロボットくんに「じゃんけん」を教えよう

第1時

① プログラミング的思考1

指示 隣の人と「じゃんけん」しましょう。

説明 ロボットくんに「じゃんけん」を教えてあげましょう。
ロボットくんは、「じゃんけん」が全くわかりません。

発問 まず始めに何をしますか。

テンポよく数名指名して発表させる。「まず合図を出します」など。

発問 次に何をしますか。

ここでは、たくさんの意見を出させたい。なので、テンポよく数名指名して発表させる。「自分の手を出します」など。

答えを確認しながら、黒板に「フローチャート」を少しずつ書いていく（中学年以上の場合は、ノートに書かせていくとよい）。

発問 次に何をしますか。

「相手の手を見ます」などの意見が出るだろう。

説明 皆さんがやっている「じゃんけん」は細かく分けると、このようなルールになっています。コンピュータには1つ1つ教えなければなりません。

　黒板に書かれた「フローチャート」
を使いながら説明する。

　物事を「細かい要素に分解する」こ
とを「Decomposition（問題の分解）」
という。

　プログラミング的思考の1つである
（中学年以上の場合は、専門的な言葉
もキーワードとして教えてもいい）。

②　「ライトボット」

　第1ステージは、画面を見せながら教師がやってみせる。全体にやり方を示
した後、個別に取り組むようにする。

　第1ステージは、ナビゲートがついており、低学年でも簡単に操作できるよ
うに設計されている。スモールステップで学べるので「初めてのプログラミン
グ体験」に最適である（http://lightbot.com/flash.html）。

③　学びの発表・情報のシェア

　広いスペースに全員を集め、感想や学びを発表させていく。うまくいった方
法などをシェアできるし、教師が個別に取り上げて褒めてもいい。

第2時

---

①　プログラミング的思考2

説明　ロボットくんに「じゃんけん」を教えます。
まず「合図を出します」。次に「相手の手を見ます」。

　前回までの「フローチャート」を黒板に書きながら復習する（中学年以上の
場合は、ノートを開いて途中まで書いたフローチャートを見る）。

発問　次に何をしますか。

　テンポよく数名指名して発表させる。「勝ったかどうか考えます」など。

【説明】　このような手順のことを「アルゴリズム」といいます。
アルゴリズムが一目でわかるように書いた図を「フローチャート」といいます。
「合図を出す」→「自分の手を出す」→「相手の手を見る」……のように、順番に進んでいくプログラムを「順次処理」という。

　また、「勝った場合」「負けた場合」のように、条件によって別れるプログラムを「分岐処理」という。

　中学年以上で授業する場合は、キーワードとして教える。フローチャートを示しながら、どの部分が順次処理で、どの部分が分岐処理なのか説明させるとよい。

②　プログラミング

「ビジュアルプログラミング言語」といい、直感的にプログラム作りを体験できるサイトがある（http://www.mext.go.jp/programin/）。

　国語の視写教材のように、お手本通りにプログラムすることで「順次」「反復」「分岐」を覚えることができる。

【説明】　プログラミングとは、コンピュータやロボットに上手に「命令」することです。

　お手本プログラムへのリンクが貼られている。クリックして画面を表示させる。順次のプログラムのアニメーションを見せる。

【発問】　犬はどのように動いていましたか。
お隣さん同士説明しなさい。

【指示】　プログラムを見てごらんなさい。命令が、次々と組み合わさっていますよね。このような命令の出し方を順次といいます。

指示　犬と同じようにうさぎを動かします。

犬のプログラムをそっくりそのまま、うさぎにプログラミングしなさい。

できたら、「さいせい」を押して、同じように動くか確認しなさい。

　机間巡視し、難しそうな子には、途中まで教師がプログラムしてあげる。

指示　完成した人は、順次のプログラムで、好きな絵を動かしなさい。

「分岐」と「反復」もお手本を使って学べるようになっている（北海道の塩谷
直大氏の実践）。

第3時

① プログラミング的思考3

説明　じゃんけんのプログラムが完成しました。

ところが、ロボットくんは何か困っているようです。

発問　ロボットくんは、プログラムの何番で悩んだのでしょうか。

　次々と発表させる。理由も言わせる。

　ここでは「⑤ 勝ったかどうか考える」を正解とする。

「あいこ」がないのだ。

指示　どう直せばうまくいきそうですか。お隣同士説明しなさい。

（鶴田裕一）

「あまりのあるわり算」 実践例

 POINT! **発達障害の子どもでも取り組める、計算単元**

1　プログラミングとは何か

　小さい命令をいくつも組み合わせ、全体で何らかの目的を達成する作業をプログラミングという（『プログラミング入門講座』米田昌悟著　SBクリエイティブ）。

　算数には、「わり算」や「分数」「小数」などの計算単元で、九九を応用して論理的に考える学習がある。これらの計算方法を学習するとき、計算手続きを丸や矢印などの「図」や「式」に表し、ノートに書くという作業を行わせる。すると、1つ1つの作業が組み合わさり、正しい答えを求めることができる。ゆえに、計算単元は、プログラミングの授業を行うに当たり、取り組みやすい単元といえる。

2　プログラムを「見通す」

　例えば、「あまりのあるわり算」では、次のような授業でプログラミングを学ぶことができる。

　単元の中には、単元の核となる問題の型がある。この問題を取り上げ、プログラムを作る。プログラムは、右の図のようになる。

　次に、ノート指導である。

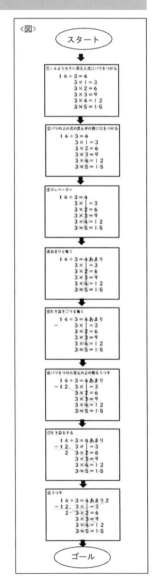

① モデルノートの作成

計算手続きを図や式で書き込んだノートを教師が作成する。

```
7 / 3    P.70

    14 ÷ 3 = 4 あまり 2
  - 12    3 × 1 = 3
     2    3 × 2 = 6
          3 × 3 = 9
          3 × ④ = 1 2
          3 × 5 = 1 5
```

ノートイメージ

② モデルノートの書き方説明

授業で「まとめ」を読んだ後、モデルノートを提示しながら、書き方を説明の言葉で説明する。

追い読みや交互読み、1人読みもする。

③ モデルノートのコピー

提示したモデルノートの書き方に沿って、ノートにモデルを写させる。矢印は、ミニ定規を使う。

指示 そっくりそのままノートに写します。

指示 ノートに式を書きなさい。

発問 答えは、何の段の九九を使いますか（3の段）。

指示 わる数の下のマスから3の段の九九を書きなさい。

説明 （112ページの〈図〉に従って）

① 14（わられる数）より大きい答えとその式にバツを付けます。

② バツの上の式のかける数に、丸を付けます。

③ エレベーター。

④ 「あまり」と書きます。

⑤ ひき算の記号を書きます。

⑥ バツを付けた答えの上の数を、写します。

⑦ ひき算をします。

⑧ ひき算の答えを写します。

指示　次の問題をモデルと同じようにノートに書いて、答えを求めなさい。

3　プログラム学習で「振り返る」

プログラムを使って、教科書の他の問題も解いてみる。

このように、解決の手続き方法がプログラミングしてあり、言葉や板書の両方に記してあると、算数が苦手な特別支援学級の子どもでも、見通しをもって、自分で問題を解くことができる。

また、プログラムを繰り返し、「振り返る」ことができる。この単元では、**説明**の作業を繰り返す。

よって、子どもは、**説明**にあるプログラミングを体験的に学び、プログラム学習※を行うことができる。

このようにして、計算単元で、勉強が苦手な子どもがプログラミングを学ぶ授業を行うことができる。ぜひ、ほかの単元でも試していきたい。

※学習者に一連のプログラムを与えて、それに従って自己のペースで個別に学習を進める学習方式（大辞林第三版より）。

（林　健広）

こんなことありませんか？　してませんか？

子ども用PC・タブレットのNG使用例

兵庫県公立小学校教諭　許 鍾萬

NG1　授業開始後、「あれ？　PCの電源が入らない…」

　パソコンを使おうとPC室に入る。電源を入れて、いよいよ開始……、と思いきや、電源が入らないパソコンがいくつも…。結局、始まったのは15分後。

★こうすればよかった★⇒朝一番でPCを一斉電源ONで確認

　電子機器はその日の具合によって起動できない場合がありますので要注意です。PC室の環境によりますが、全てのPCの電源ON・ログインを教師用PCでできるソフトが入っている場合があります。朝一番で電源が入るかを確認しておくと安心して授業に臨めます。もし、使用できないものがあることに気づいておけば、「2人に1台」「班で1台」と事前に考えておくことができます。

NG2　先生の話を聞きなさい！　勝手に触らないの！

　パソコンが得意の子どもたちが勝手にweb検索。ゲームをし出して大混乱！

★こうすればよかった★⇒最初の時間に趣意説明

　一番最初に使う前に、どう使うかの説明をしておかないといけません。事前にルールが浸透するからこそ、安定した授業・活動を行うことができます。例えば、こんなルールが考えられます。　①先生のお話のときはPCに触らずに聞きます。　②タブレットPCはとても壊れやすいです。両手で持つか、机の上に置いて使います。　③webで検索してゲームなどをしてはいけません。　④もし、ルールが守れない場合は次から使えなくなるかもしれません。　どの子も素直に話を聞くという「黄金の3日間」は、PCの使用でも同じです。

NG3　「先生、こっち！」「画面が消えた！　来て来て！」

　あっちからもこっちからも先生を呼ぶ声。そのたびに右往左往し、挙句の果てに遊び出す子どもたち……。そのままチャイムまで何もせずに終了。

★こうすればよかった★⇒質問は手を挙げて。全体に指示を出してから個に対応

　教師が子どもの訴えの全てに、すぐに対応しすぎてしまうと全体の学習が滞ります。こういうときは「困ったことがあったら手を挙げます」と最初に伝えておきます。そして、全体に指示を出して、活動が進んでから困っている子に対応しましょう。詳しくは『新版子どもを動かす法則』（向山洋一著・学芸みらい社）を参照。

「買い物ロボット」 実践例

 POINT! 買い物という身近な場面からプログラミング的思考を学ぶ

1 買い物ロボットをプログラミング

説明 お母さんが「買い物ロボット」にお使いをお願いしました。

発問 お母さんは「牛乳を1つ買ってちょうだい。卵があったら6つお願いね」と、ロボットに言いました。
ロボットは何を買ってきたでしょう。隣の人と相談してごらんなさい。

　予想を自由に発表させた。数名に発表させた後、「買い物ロボットは、これを買ってきました」と言って次の画面を見せた。
「牛乳を6つ買ってきました」
　少し間を取ると「あ～そういうことか」「なるほど」と何人かの子どもたちがつぶやいた。

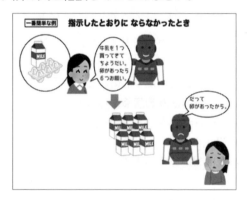

発問 困ったロボットですね。
みんながお母さんだったら、こういうときどうしますか？
　①　途方に暮れる　　②　切れて怒る　　③　プログラミング的思考をする
　子どもたちは「うちのお母さんは……」と自由に発言し盛り上がった。
　挙手で確認したところ②の「切れて怒る」が多数であった。

説明 切れて怒ってはダメです。「だって卵があったから」というロボットに怒っても仕方がありません。これからの時代は「プログラミング的思考」をしなければなりません。
　画面を見せて次のように言った。

説明 お母さんの指示を「プログラミング的」には、こう書くことができます。

① もし卵があったなら
　② 牛乳を６つ買え
　③ でなければ
　④ 牛乳を１つ買え

「買い物ロボット」はこのように理解したのですね。

発問 この指示をどう書き換えなければいけませんか（子どもたちはScratchを何度か勉強している）。正しいプログラム（命令）をノートに書きなさい。

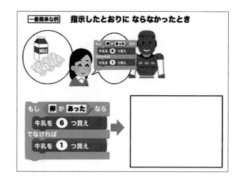

　少し時間とって考えさせた。考えたプログラムを指名して発表させた。
　例えば次のような意見が出た。

〈A児〉
① 牛乳を１つ買え
② もしなかったら
③ 別の店に行って買え
④ 卵を６つ買え
⑤ もしなかったら
⑥ 別の店に行って買え

〈B児〉
① 牛乳があったら、牛乳を１つ買え
② もし牛乳がなかったら
③ お母さんにまずメールしろ
④ 卵があったら、卵を６つ買え
⑤ もし卵がなかったら
⑥ お母さんにまずメールしろ
⑦ なかったものは、インターネットで注文して買え

　どの意見も認めて褒めた。
　家庭の様子も垣間見えて、とても盛り上がった。
「解答例」と「プログラミング的思考の定義」を教えて授業を終えた。

（鶴田裕一）

「表現ダンス」 実践例

 POINT! ダンスで「アルゴリズムを設計する」

　小学校4年生にニャティティソーランを教材として、アンプラグド・プログラミングの授業を行った。

1　アンプラグド・プログラミングとは

　コンピュータなどの機器を使わないプログラミングの授業のことだ。「接続しない＝ unplugged」という意味だ。谷和樹氏がTOSSサマーセミナー 2017で授業された「コンピテーショナルシンキング（コンピュータ科学者のように考える論理的思考力）」を育てる

授業として英国・アメリカなどの諸外国で多く取り入れられている。

　コンピュテーショナルシンキングは5つのスキルから成り立っている。

---

① 抽象化（問題を単純にする）

② 分解（いくつかに細分化する）

③ アルゴリズムの設計（解決の手順を設計する）

④ 評価（その方法が正しいか確認する）

⑤ パターンの発見（類似性を見つける）

　文部科学省の資料では、プログラミング的思考を、コンピテーショナルシンキングをふまえた定義としている。

今回の授業では、5つのうち③と⑤を中心に授業を組み立てた。

2 ニャティティソーランを教材とする

優れた教材であることは間違いない。曲をかけた瞬間に子どもたちは熱狂する。さらに教材にプログラミングの3要素が含まれている。

①　順次（次々と踊りが連続する）
②　反復（珠玉のパーツの繰り返し）
③　分岐（男踊り・女踊りで構成）

これは、プログラミングにおける「アルゴリズム」と全く同じである。ここを中心的に取り上げる授業展開にすれば楽しいアンプラグド・プログラミングの授業になると考えた。準備物は以下である。

①　ニャティティソーランのDVD
②　TOSSメモ（ニャティティソーランの動きをシールにして貼っておいた）
③　ジャンボホワイト・TOSSノート（各班に1枚）

3 実際の授業

授業前半、子どもたちに次のことを教えた。

説明　「プログラミング」とは「コンピュータやロボットに上手に命令すること」です。「アルゴリズム」とは「命令の組み合わせ」です。
具体的な場面をふまえて教えた。

発問　自動ドアは人が立つと開きます。なぜですか。
4年生でもすぐにわかる。「センサーが反応するから！」と返ってくる。

説明　その通りです。「センサーが反応したらドアを開けろ」「反応してないときはドアを開けるな」という命令の組み合わせがあるんですね。

発問　アルゴリズムの考え方はコンピュータだけではなく、様々な場面にあります。アルゴリズムクイズ。
これは何のアルゴリズムでしょうか。
「お湯をわかす」「ふたを開ける」「お湯を入れる」……という命令を順番に見せて行く。「3分待つ」という命令で、全員の手が挙がった。「カップラーメン！」

説明　その通りです。このように順番に命令を組み合わせることを「順次」といいます。

その後、同じようにクイズ形式で「反復」と「分岐」を教えた。

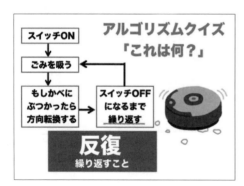

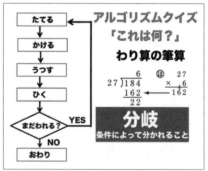

そして「ニャティティソーラン2020」を踊らせた。子どもたちにとっては、はじめての「ニャティティソーラン」だったが、熱狂状態で踊っていた。DVD冒頭の2分程度だけ3回踊った。みんな大喜びだった。

そのうち子どもたちの方から「反復がある」「アルゴリズムだ！」という声があがってくる。

4　アルゴリズムを設計しよう

踊り終わったあとに、次のように指示した。

指示　ニャティティソーランのアルゴリズムを付箋（TOSSメモ）で表現しなさい。

子どもたちは、ニャティティソーランの映像を食い入るように見ながら、どう表現するかを話し合っていた。メモを動かし、班で1枚のジャンボTOSSノートに貼り付け、矢印で結び、書き加えていた。中には、踊りながら話し合う班もあった。最後に完成したアルゴリズムをもとに踊ってみた。全員、ちゃんと踊ることができた。ニャティティソーランからパターンを発見し、アルゴリズムを設計することができたのだ。

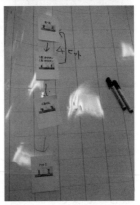

5　子どもたちの感想

① おもしろかったし、楽しかった。
　ダンスのおどりのふりつけがおもしろかった。
② 今日は、アルゴリズムのことを知って、3種類のアルゴリズムの順次・反復・分岐、こんなにアルゴリズムの種類があったことがわかった。次も楽しみ。

プログラミングにおける重要な要素の1つである「アルゴリズム」を教え、ダンスを通して、命令の組み合わせを発見させることができた。次の時間には、コンピュータを使ったプログラミングに挑戦させ、子どもたちに「命令を組み合わせる」体験をさせた。コンピューテーショナルシンキングを今後も研究していきたい。

（塩谷直大）

「てこのはたらき」 実践例

 POINT! 実験結果を付箋に書かせて可視化する

1 実験結果を分類して「きまり」を見つけさせる

てこが水平につりあうのはどんな時か考える授業である。

教科書では「つりあった場合」だけを表にまとめているが、思考のステップがジャンプしているように感じた。

だから、まずは「実験結果を書く」ということだけに集中させた。

実験結果をすべて付箋に記録させた。

手順1　まずはデータを「蓄積」する。
手順2　蓄積したデータを「分類」する。

指示 てこがつりあうのはどんな時か調べます。うまくいった実験も、そうでない実験も、結果は全部付箋に書いていきなさい。

まずはなるべくシンプルに書けるように（写真右）のように書かせた。これならどの子もすぐに書けた。

「つりあった」という事実も大事なデータだが、「つりあわなかった」という事実もまた大事なデータである。

エジソンが数々の失敗を「できないことがわかった」ととらえたように、子どもたちにも「つりあ

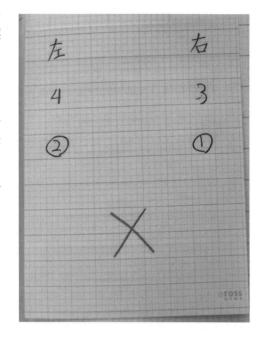

わなかった」という事実を大切にしてほしいと考えたのである。

　グループごとに実験しても、思考が見えるので共有化できるよさもある。

　付箋がA3用紙いっぱいになるぐらいまで繰り返し、実験をさせた。最高で15枚貼ることができた。

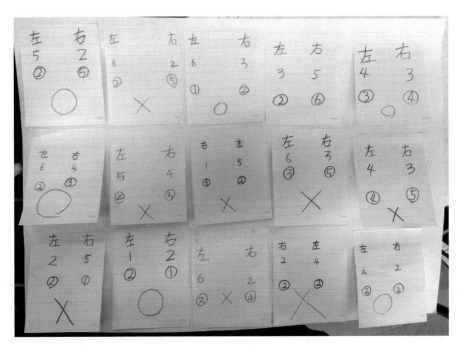

　付箋に書かせたのは、蓄積したデータを操作することができるからである。

指示　○と×に分けなさい。

指示　○の中で似たものを集めてグループをつくってごらん。

　まず、○と×に分けることで情報量は半分以下になる。

　その上で○の中で似たものがないかと考えるのである。

　一見、たくさんあるように見えても、このように分類・整理するとスッキリ見えてくる。このような経験をさせることが大切な学習なのである。

発問　水平になる時はどんな時ですか。

　子どもたちは付箋を動かしながら思考しているので、すぐに仮説を立てることができた。各グループからそれぞれ次の意見が出された。

> ①　左のおもり÷右のおもりと左の場所÷右の場所の数がどちらも同じ時、てこは水平になる。
> ②　右の数字をかけた数と左の数字をかけた数が同じになる時、てこは水平になる。
> ③　てこの数字とおもりの数をななめに比べた時、同じ数になったら水平になる。
> ④　左と右の作用点が近い時、てこは水平になる。

　これらの意見はすべて板書させた。
　グループごとに自分たちの考えが正しいことを証明してもらうために、実際にてこを使って「例えば…」と演示もしてもらった。

2　付箋が「反論の材料」になる

　次に反論を考えさせた。ここで役立ったのが付箋である。

|指示|　では、黒板の意見に反論してもらいます。自分たちの実験結果を書いた付箋がありますね。その中から反論の証拠を見つけてください。見つけたら黒板に貼ってください。

　子どもたちは手もとに残っている付箋の実験結果を眺め始めた。
　反論の証拠になりそうな付箋がないか話し合いを始めた。
「あっ、これ！」
「これもいいんじゃない？」
　見つけた子がうれしそうに付箋を持って黒板前に出てきた。
　黒板には次々に付箋が貼られていった。

> 　一目で見て、どの班に反論があるかが見える。

このように「見える状態」になるから、自然と「おい、どうしようか」と相談も始まる。

指示　一番付箋の多いところから反論をどうぞ。

黒板に全員を集めて、各班の意見検討を始めた。

付箋に残されたデータが反論の根拠である。つまり、付箋を貼った時点で、反論の根拠を見つけているということになる。

いつもにも増して子どもたちの意見が活発になった。面白く、わかりやすい討論が続いた。

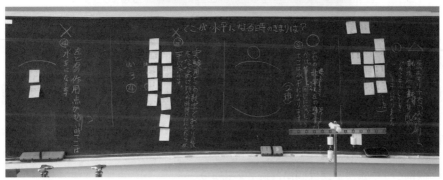

付箋は「TOSSメモ」（東京教育技術研究所で購入可）を使った。マス目があるので書きやすく、粘着力が強いのではがれにくいという特長があるからである。

（太田政男）

「電気のはたらき」 実践例

 フローチャートが見通しを示す

「フローチャート」とは、「作業の流れや処理の手順を図式化したもの」である。プログラミング的思考を育成する上で、重要なキーワードの1つである。子どもたちに「フローチャート」の描き方を教えることで、子どもたちは使いこなす。学習課題に論理的に思考し、取り組むことができた。

1 有識者会議の資料に登場する

「フローチャート」という用語は、東北大学大学院情報科学研究科教授、堀田龍也氏が主査をつとめた「プログラミング教育に関する有識者会議」の資料に登場する。以下にその部分を引用する。

> 説明文を読んでその構造を捉えることなどは、フローチャートの作成につながる力であり、こうしたつながりを意識することが重要である（平成28年6月16日　議論の取りまとめより）。

これは国語科の例であるが、他教科でも当てはめて考えることができる。「構造を捉え」「フローチャートの作成につながる」ことが重要なのだ。

2 フローチャートの基本的な原則

> 原則の1　「始まり」と「終わり」があり、角が丸い四角で表現する。
> 原則の2　順次処理は四角と線で表現する。
> 原則の3　分岐処理はひし形で表現する。　※次ページ図を参照

　原則のうち、2と3を使って、4年生に授業した。理科「電気のはたらき」の学習である。

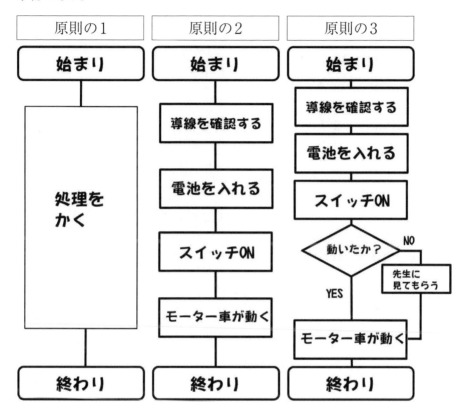

3　理科「ソーラーカー作り」

　単元末で光電池を学習したあとに、ソーラーカーを作る授業を行った。実際に車を光電池につないで、動くかどうかを実験する学習である。

　すぐに作業を始めるのではなくノートにフローチャートを描かせた。

発問　新しい導線を使います。まず何をしますか。

「導線をむきます」

指示　ノートに「導線をむく」と書いて、角が丸い四角で囲みなさい。

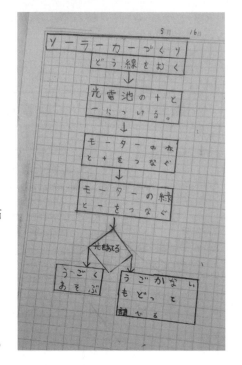

■発問■　次に何をしますか。

「光電池に導線をつけます」

■指示■　「光電池の＋と－につける」
と書いて、四角で囲みなさい。
囲めたら、矢印で結びなさい。

■発問■　次に何をしますか。

「モーターとつなぎます」

　この後も同様にフローチャートを描かせていった。

　フローチャート描かせることによって、次のような効果が得られた。

　第1に作業手順を細分化できた。

　第2に見通しを示すことができた

　第3にミスを発見する仕組みになった。

　普段、落ち着きがない子も、見通しをもつことで、静かに学習できた。また、子どもたちは、車が動かないと「導線のつなぎ方が逆だった」と自分でミスを見つけることができた。

　論理的に思考するためのツールとなっていたのである。

4　持ち運びできるホワイトボード（ジャンボTOSSノート）大活躍

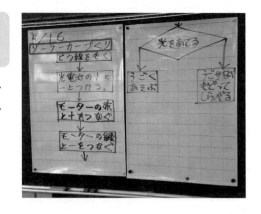

　フローチャートを描かせる時に、とても便利だった。薄いマス目が、あるので四角やひし形を描く位置が、パッと見てわかる。私は作業する順に、処理の項目を1つずつ描いていく。初めてフローチャー

トを描く子どもたちでも、完成させることができた。

5　子どもたちは使いこなす

　授業中、驚くことがあった。子ども
たちがフローチャートを改良し始めた
のだ。「光を当てても動かなかったら」
という四角から、自分で矢印を引っ張
り、スタート地点まで結んでいるのだ。
これはプログラミングの重要な構造の
1つである「反復（ループ）」である。
この子は、「この方が、わかりやすく、
作業しやすい」と話していた。子ども
たちは、フローチャートという思考ツ
ールを覚えると、すぐに使いこなして
いけるのだ。

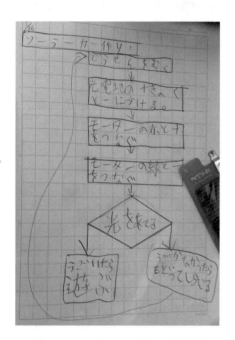

6　アンプラグドからプログラミング教育へのつながり

　この授業を第4学年で受けている子どもたちに、翌年、第5学年で、「プログ
ル」というビジュアルプログラミングに取り組ませた。算数科「平均」の単元
で実施した。命令ブロックを組み合わせて、ロボットに「平均」を出させると
いう課題である。実行ボタンを押すとロボットが動き、数値が画面上に出る。
　数値が正しければ、課題クリアである。しかし、数値が間違っている場合は
エラーとなり、やり直しである。命令がどこかで間違えているわけだ。エラー
になった子どもたちは、命令（手順）をもう一度はじめから確認し、間違いを
見つけていた。アンプラグドであるフローチャートで学んだ経験を生かし、プ
ログラミングに取り組むことができていた。

（塩谷直大）

「情報とわたしたちのくらし」 実践例

「自動化」について学び、将来の仕事について考える

1 自動販売機のプログラムをつくろう 1・2時間目

> 自動販売機とカプセルトイ（ガチャガチャ）。
> 人がいなくても商品を売ることができます。
> 違いはどんなところかな？ 隣同士話し合ってごらん。

発表させ、それを板書していく。

子どもたちは、様々な装置についても指摘するだろう。プログラムの有無について言及するだろう。

> 自動販売機の方が機械を使って、温度調整などをしていますよね。
> 自動販売機にはたくさんの命令（プログラム）が出されていて、それを機械が自動で行っています。これを「自動化」といいます。

そして次のように発問する。

> では自動販売機の簡単なプログラムを考えてみましょう。
> シンプルにいって、お金を入れる→（　　　）→（　　　）→飲み物を出す、という流れですね。（　）の中にはどのような命令が入るかな？ お隣同士相談してごらん。

黒板に図示し、様々に予想させ、板書していく。

> それでは、今日は実際にScratchで自動販売機を作ってみましょう。実際はどうなのかな？ サイトを開いて、手順に従って作ってみましょう。

自動販売機プログラム（by iLearnjp）でScratch上で検索をするとScratchのプログラムも紹介されている。

それをもとにあらかじめ見ておくとよいだろう。

> 　できた人は、終わっていない人を助けてあげましょう。全員が終わったらいろいろアレンジしてみましょう。

　最後に、感想などを書かせておく。子どもたちはプログラミングの難しさや、それ以外にもどんなプログラムが使われているのか、など様々に考える。

2　世の中はどう変わっていくのか？　3・4時間目

> 　前回は自動販売機を扱いました。自動販売機の他に、どんなものがプログラミングされていますか？　お隣近所と意見を交流させましょう。

　たくさんのものが例として出されるだろう。可能であれば、それらのプログラムを簡単に書かせるようなこともしてもいいだろう。
・冷蔵庫　・ロボット掃除機・　ゲーム機
・信号機　・自動販売機

　もしロボット掃除機であれば「もし壁にぶつかったら跳ね返れ」というようなプログラムがなされているだろうと想像できる。

> 　一方で多くの仕事がAIにとってかわられる、というニュースもありますね。
> 　どのような仕事がなくなるのでしょうか？　なくなりそうな仕事名を口々に言い合ってごらんなさい。

　そして子どもたちに発表させていく。

> 　イギリスのオックスフォード大学でAI(人工知能)などの研究を行うマイケル・A・オズボーン准教授の論文「雇用の未来」というものがあります。
> 　彼によれば何％の仕事がなくなると言っていると思いますか？

　47％の仕事がなくなるだろうと言われている。

　　それではどのような仕事がなくなってしまうのか、インターネットで調べ、たくさんノートに書きましょう。また一方でどのような仕事が残るのか、たくさんノートに書きましょう。

次のHPが参考になる。https://eco-notes.com/649#i

　調べてわからないわからない職業はまたインターネットで調べてみることを勧める。具体的にたくさんのものが出ている。調べるのは20分程度で構わない。なくなる仕事10分間。残る仕事10分間程度の時間配分で構わない。

　　なくなってしまう仕事について、わかったこと気づいたこと、思ったことをノートに書きましょう。

　子どもたちは次のようなことを言うだろう。単純な仕事。誰でもできる仕事、など様々な共通点が出されるのではないだろうか。

　　なくなってしまう仕事について、わかったこと気づいたこと、思ったことをノートに書きましょう。

　人にしかできないこと、人にやってほしいことなどが出されるだろう。

　　そしてSociety5.0という時代が来ます。映像を見ましょう。

　政府広報オンラインの動画を見せる。そのWeb限定ムービーは多くのことを子どもたちに教えてくれる5分間程度の動画だ。

　　感想をノートに書きましょう。

　子どもたちは人だからこそできる仕事などが残るのだとわかったということも書くだろう。

　　調べたことを基にして、改めて、人としてどういう風に生きていこうと思うか、レポートにしてみましょう。

　ここから1時間程度をかけ、それぞれレポートを書かせていく。

（平山　靖）

1　命令の順に動くイモムシ

　プログラミングロボ「コード・A・ピラー」という知育玩具のイモムシ（フィッシャープライス社）がある。低学年のプログラミング教育で使える。節1つ1つに「直進」、「右折」、「左折」、「止まって音を出す」の命令が組み込まれている。つないだ順に、前から命令が実行されて動く。プログラミング用語でいえば、順次処理である。体育館のような広い所で、班に1匹用意し、途中に置いた箱などの障害物を避けて、目標まで到達させるとよい。試行錯誤で到達させるだけでなく、節1つ1つの命令の実物大の紙に矢印で書き、紙を床に並べてシミュレーションしてから実物を動かすという方法を指導する。さらに、その紙と文字（記号）に置き換えれば、プログラムを組む作業と同じだ。

2　家電の統御を実験できる電気回路ブロック

　リトルビッツという、磁石で互いにくっつくブロックがある（日本ではコルグ社が扱っている）。

　それぞれのブロックには、パワー（電源）、インプット（命令）、アウトプット（動作）、ワイヤー（命令を伝える接続）の種別がある。インプットには、単純なボタンスイッチのほか、サウンドトリガー（音が一定レベルになるとオンの命令を出す）、タイムアウト（タイマーとして作動）などがある。ワイヤーには分岐させたり、オンオフの命令を逆転させたりするものなどがある。これを次々とつないでいくと、電源部と動作部の間のインプットに応じて音が出たり、モーターが回ったりする。別売りで、赤外線センサーや光センサー、温度センサーのほか、NOR（否定論理和）やNAND（否定論理積）などの論理回路ブロックがある。これらを使うとセンサーを組み込んだ家電製品の制御の仕組みを実験できる。

　中教審答申にある「エネルギーを効果的に利用するために、様々な電気製品にはプログラムが活用された条件に応じて動作していることに気付く学習」を具体物を操作して実現できる。中学では、センサーの部分であるサーミスタ（温度で電気抵抗が変わる）を入手し、特性をテスターで確かめる実験を行いたい。

理科の実験過程を
フローチャートにまとめよう

 付箋を活用すれば、実験過程のフローチャート化も簡単

東京書籍「水溶液の性質とはたらき」（6年）の実践である。

教科書通りにすべての実験を子どもたちに体験させた後、自分たちで水溶液を当てる授業を行った。

発問 5つの水溶液があります。すべて教科書に出てきたものです。これから班ごとに実験をして、どれがどの水溶液なのか当ててもらいます。

ポイントは、子どもたちがすでに実験方法を知っているということである。だから、子どもたちはより良い選択肢を選びながら自力で解決していける。

ただし、やらせっぱなしにはしない。きちんと記録を取らせていく。私は付箋紙に書かせた。白とピンクの2色を用意し、右の写真のように、白の付箋には「実験方法」、ピンクの付箋には「結果」を書かせていくことにした。

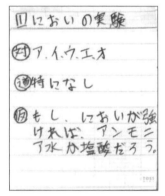

オススメの付箋は「TOSSメモ」（東京教育技術研究所のHPで購入可）である。マス目があって書きやすく、粘着力も強い。

指示 簡単な「においの実験」から始めます。お手本を真似して白の付箋に書きなさい。

黒板にお手本を提示し、写させた。写しているうちにやり方はわかるものだ。

早く書き終えた子を指名し、次の5つをテンポよく確認していった。

> ①何の実験ですか。　②対象はどれですか。　③道具は何を使いましたか。
> ④仮説はどうなりますか。　⑤結果はどうなりましたか。

次に結果を書かせた。

発問　結果はどう書けばいいですか。

　子どもたちに自由に言わせた後、お手本を提示して写させた。ポイントは
「〜である（ない）。だから○○である」という文型で書いていくことだ。

指示　各班で次の実験を考えなさい。白が書けたらもってきなさい。

　一度教師のチェックをくぐらせれば大丈夫である。

　5つの水溶液がわかったら、フローチャートを作らせる。

指示　どんな実験をしたのかまとめてもらいます。

順番も考えながら付箋をノート見開き2ページに貼りなさい。

指示　実験と結果の流れがわかるように矢印でつなぎなさい。

　付箋の良さは、何度でも配置をかえられることだ。

　班で話し合いながらノートに貼る過程も人事な学習だ。

　右の写真のように間を
矢印でつながせればフロー
チャートが完成する。

　実験過程を俯瞰して見
ることができる。

（太田政男）

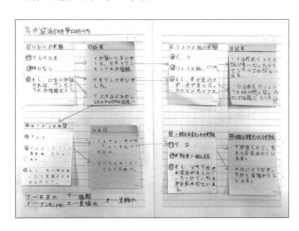

フローチャートを活用した「気体」学習

 POINT! 実験方法や結果を思考することで条件分岐の考え方が身につく

1　フローチャートを使ったプログラミング教育

　小学校6年生の水溶液、中学1年生の気体の学習では、未知の水溶液や気体を調べる実験を行う。フローチャートの活用では、コンピュータを使わずにプログラミング的思考を伸ばすことができる。

　プログラミング教育と聞くと、コンピュータを使って行うものだと感じてしまうが、フローチャートを使いながら条件分岐の考え方を理解し、論理的な思考力を伸ばすことがプログラミング教育である。

2　水溶液の正体は何か

「・食塩水・炭酸水・うすい塩酸・うすい水酸化ナトリウム水溶液・石灰水」と板書する。それぞれの水溶液を調べる方法を子どもたちに考えさせる。

> 　謎の水溶液の正体を調べます。どのような方法で調べますか。
> 　実験の方法を簡単に書きなさい。

　既習事項であるため、子どもたちは班で相談しながらノートにまとめることができる。

> 【予想される児童の反応】
> ・蒸発させる・リトマス紙を使う・金属を入れる
> ・二酸化炭素を吹き込む

　安全面を考慮し、水酸化ナトリウム水溶液を蒸発させること、塩酸・水酸化ナトリウム水溶液に二酸化炭素を吹き込むことは危険なため行わないことにした。

3　フローチャートの書き方を教える

　まず5種類の水溶液のうち、一目でわかるのは「炭酸水」
である。右のフローチャートを書かせる。

指示　最初に実験開始と書きなさい。

指示　下に矢印をしてひし形を書きなさい。
その中に「あわが出ている」と書きます。

指示　ひし形の中に書くのは、命令が分かれる場合です。
「はい」と「いいえ」の場合に分けて「はい」の場合、下に矢印をし「炭酸水」
と書きます。

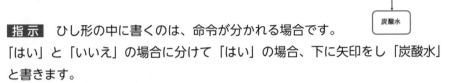

リトマス紙を使う場合　　　　　　　　　　　金属を入れる場合

　その後班ごとに、以下の4つの指示を使ってフローチャートを書かせる。
　フローチャートを考えさせる場合は、「できるだけ、少ない手順でできることがよい」と助言をする。また、うすい塩酸はにおいがするので、「においがする」のかどうか確かめる方法を増やすなど、どの実験から始めてもよいことにすると、フローチャートがより多様になる。以下、児童から出ると予想されるフローチャートである。

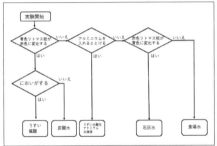
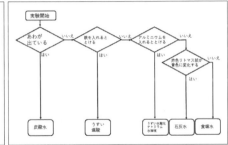

4　気体Xの正体を調べる

　中学1年で気体の性質を学習する。教科書にある実験にそって気体の性質を学習し、単元のまとめとして気体Xの授業を行う。発生させる気体は窒素である。塩化アンモニウム 5ｇ、亜硝酸ナトリウム 7ｇをはかりとり、直径 3cm の試験管に入れる。さらに水 20mlを加え、ゴム栓付きガラス管を取り付ける。

　この際に、熱湯と水を用意し、気体発生時には熱湯に試験管を入れ、気体の発生を抑えたい場合は冷水に入れると適時気体を発生させることができる。

　また、熱湯が冷めることを防ぐために右の写真のような投げ込みヒーターを使ってもよい。

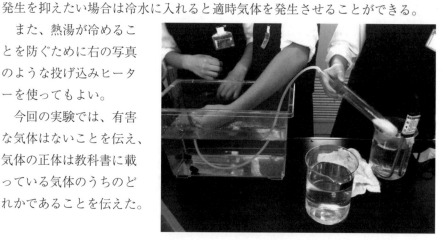

　今回の実験では、有害な気体はないことを伝え、気体の正体は教科書に載っている気体のうちのどれかであることを伝えた。

5　調べた結果をフローチャートにまとめる

「気体Xの性質を徹底的に調べる」と題して、未知の気体（窒素）を探究させる。最初に、未知の気体を調べるにはどのような方法があるかワークシートに書かせる。

【予想される児童の反応】

・石灰水を使う。　　・色があるか調べる。　　・においがあるか調べる。

・ぬらしたリトマス紙で調べる。　　・火がつくか調べる。

などが出てくる。教科書に載っている気体について一通り学習した後の発展的な学習である。窒素の反応性は低いので、1つの実験から窒素であることを証明するのは難しい。

　ここでは、調べる過程、結果からどう判断、考察するかそこに意義がある。そのなかで「〜だから〜だと考える」という書き方だけでなく「〜だから〜でないと言える」という書き方も重要であることを伝える。

　つまり「石灰水が白くにごらなかったから**二酸化炭素ではない**ことがわかった」という結果が大切である。

　実験を進めていくうちに、生徒は消去法で気体の正体に迫ることができる。

　実験が早く終わった班には、フローチャートを書かせ気体Xの正体を考えさせた。

　次がフローチャートの例である。

気体の分類

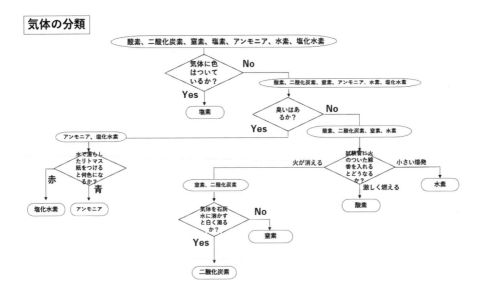

　本実践は、小学校実践を大阪の家根内興一氏、中学校実践は埼玉県の小森栄治氏の実践を私が修正追試した。

（吉原尚寛）

あとがき

　2020年度からプログラミング教育が必修化されます。

　全国各地の教室で、子どもたちは期待と不安をもちながら、「はじめてのプログラミングの授業」を体験することになります。

　もちろん、先生も新しい挑戦に緊張して臨みます。

　その「出会いの1時間目」が最高のスタートをきり、知的で楽しい時間になるよう、本書を活用していただけたら幸いです。

　本書があれば、プログラミング教育の授業の際に、どんな教材を用意したらよいのか悩む必要はありません。コンピュータを使った授業、コンピュータを使わない授業（アンプラグド）の両方の授業を掲載しました。ICT機器に詳しい先生とそうではない先生では、必要とする情報も違ってきます。それぞれの先生のタイプに合わせて、子どもたちにとっても楽しい授業ができるようにと情報をまとめました。指導内容は新学習指導要領に基づいていますが、より楽しく、熱中する組み立てにして、授業例や実践例を紹介しています。

　2020年度は保護者の信頼を得る絶好のチャンスでもあります。「プログラミングって難しいのでは？」「将来プログラマーになるわけじゃないのに本当に必要なの？」「我が子が通う学校ではちゃんとした授業をしてくれるのかしら？」そんな心配をもっていた保護者が、子

どもが楽しそうにプログラミングの授業の話をしてくれれば、きっと担任の（学校の）応援団になってくれることでしょう。

　本書に紹介しているプログラミング教育に関するサイトは、いったんやりだすと止まりません。次から次へと出てくる課題に、夢中になってチャレンジしてしまいます。いつの間にか時間が過ぎていたという状態になります。学年に関係なく使えるものも多いので、先生がやりたいと思う教材や授業例を選んで使ってほしいと思います。

　どうか子どもと一緒になってプログラミングの授業を楽しんでください。

　本書がほんの少しでもその一翼を担えれば幸いです。

　本書の内容は、向山洋一氏の実践、谷和樹氏の実践がなければ何一つ書けなかった内容ばかりです。また、出版にあたっては、学芸みらい社の小島直人様、樋口雅子様に多大なご助言、多くの励ましのお言葉をいただきました。

　この場をお借りしてお礼を申し上げます。本当にありがとうございました。

許　鍾萬

◎執筆者一覧　※印は編者

許　鍾萬　兵庫県公立小学校教諭　※
前田吉法　静岡県公立小学校教諭
林　健広　山口県公立小学校教諭
上地貴之　千葉県公立小学校教諭
平野遼太　静岡県公立小学校教諭
塩谷直大　北海道公立小学校教諭
松村　翔　奈良県公立小学校教諭
井上　武　愛媛県公立小学校教諭
望月　健　山梨県公立小学校教諭
水本和希　神奈川県公立小学校教諭
山崎克洋　神奈川県公立小学校教諭
小森栄治　日本理科教育支援センター
太田政男　島根県公立小学校教諭
田中浩幸　兵庫県公立小学校教諭
鶴田裕一　大阪府公立小学校教諭
平山　靖　千葉県公立小学校教諭
吉原尚寛　千葉県公立中学校教諭

◎監修者

谷　和樹 (たに・かずき)

玉川大学教職大学院教授

◎編者

許　鍾萬 (ほ・じょんまん)

授業の腕が上がる新法則シリーズ
「プログラミング」授業の腕が上がる新法則

GAKUGEI
MIRAISHA

───────────────────────────────

2020年5月20日　初版発行

監　修　谷　和樹
編　集　許　鍾萬
執　筆　「プログラミング」授業の腕が上がる新法則 執筆委員会

発行者　小島直人
発行所　株式会社学芸みらい社
　　　　〒162-0833　東京都新宿区箪笥町31箪笥町SKビル
　　　　電話番号 03-5227-1266
　　　　http://www.gakugeimirai.jp/
　　　　E-mail : info@gakugeimirai.jp
印刷所・製本所　藤原印刷株式会社
企　画　樋口雅子
校　正　菅　洋子
装　丁　小沼孝至
本文組版　星島正明

授業の腕が上がる新法則シリーズ　全13巻

監修：谷 和樹（玉川大学教職大学院教授）

新指導要領対応！

新教科書による「新しい学び」時代、幕開け！
2020年度からの授業スタイルを「見える化」誌面で発信！

4大特徴

基礎単元＋新単元をカバー	授業アイデア&スキル大集合
授業イメージ、一目で早わかり	新時代のデジタル認識力を鍛える

◆「国語」授業の腕が上がる新法則
村野 聡・長谷川博之・雨宮 久・田丸義明 編
978-4-909783-30-1　C3037　本体1700円（+税）

◆「算数」授業の腕が上がる新法則
木村重夫・林 健広・戸村隆之 編
978-4-909783-31-8　C3037　本体1700円（+税）

◆「生活科」授業の腕が上がる新法則※
勇 和代・原田朋哉 編
978-4-909783-41-7　C3037　本体2400円（+税）

◆「図画工作」授業の腕が上がる新法則
1～3年生編※
酒井臣吾・谷岡聡美 編
978-4-909783-35-6　C3037　本体2400円（+税）

◆「家庭科」授業の腕が上がる新法則
白石和子・川津知佳子 編
978-4-909783-40-0　C3037　本体1700円（+税）

◆「道徳」授業の腕が上がる新法則
1～3年生編
河田孝文・堀田和秀 編
978-4-909783-38-7　C3037　本体1700円（+税）

◆「プログラミング」授業の腕が上がる新法則
許 鍾萬 編
978-4-909783-42-4　C3037　本体1700円（+税）

◆「社会」授業の腕が上がる新法則
川原雅樹・桜木泰自 編
978-4-909783-32-5　C3037　本体1700円（+税）

◆「理科」授業の腕が上がる新法則※
小森栄治・千葉雄二・吉原尚寛 編
978-4-909783-33-2　C3037　本体2400円（+税）

◆「音楽」授業の腕が上がる新法則
関根朋子 編
978-4-909783-34-9　C3037　本体1700円（+税）

◆「図画工作」授業の腕が上がる新法則
4～6年生編※
酒井臣吾・上木信弘 編
978-4-909783-36-3　C3037　本体2400円（+税）

◆「体育」授業の腕が上がる新法則
村田正樹・桑原和彦 編
978-4-909783-37-0　C3037　本体1700円（+税）

◆「道徳」授業の腕が上がる新法則
4～6年生編
河田孝文・堀田和秀 編
978-4-909783-39-4　C3037　本体1700円（+税）

各巻A5判並製
※印はオールカラー

激動する社会の変化に対応する教育へのパラダイムシフト ── 谷 和樹

　PBIS（ポジティブな行動介入と支援）というシステムを取り入れているアメリカの学校では「本人の選択」という考え方が浸透しています。その時の子ども本人の心や体の状態によって、できることは違います。それを確認し、あくまでも本人にその時の行動を選ばせるという方法です。これと教科の指導とを同じに考えることはできないかも知れません。しかし、「本人の選択」を可能にする学習サービスが世界的に広がり、増え続けていることもまた事実です。

　また、写真、動画、Webページなど、全教科のあらゆる知識をデジタルメディアで読む機会の方が多くなっているのが今の社会です。そうした「デジタル読解力」について、今の学校のカリキュラムは十分に対応しているとは言えません。

　子どもたち「本人の選択」を保障する考え方、そして幅広い「デジタル読解力」を必須とする考え方を公教育の中で真剣に考える時代が到来しつつあります。

　本書ではこうしたニーズにできるだけ答えたいと思いました。

　本書の読者のみなさんの中から、そうした問題意識をもち、一緒に研究を進めていただける方がたくさん出てくださることを心から願っています。